초등 문해력, 교과 어휘부터
해결한다

저자 **김기용**

최근 사회적 이슈가 되는 '문해력'을 어떻게 하면 쉽게 기를 수 있을지 매일 고민합니다. 아이들의 학습과 독서, 문해력 모두 결국 '어휘'로 시작해 '어휘'로 끝난다고 생각합니다. 따라서 효율적인 어휘 공부를 위해 아이들의 수준과 흥미에 적합한 공부 방법이 필요합니다. 〈초등 문해력, 교과 어휘부터 해결한다〉를 통해 모든 공부의 시작인 어휘를 쉽게 배우고 문해력을 향상시키는 데 도움이 되길 바랍니다.

저서 〈초등 문해력, 교과 어휘부터 해결한다 3-1, 3-2〉, 〈초등 공부는 문해력이 전부다〉, 〈초등 저학년 독서습관 만드는 결정적 시기〉, 〈초등 공부, 습관으로 정복하기〉, 〈온작품 읽기: 한 학기 한 권 읽기로 성장하는 아이들〉

- 공샘의 교육블로그: http://blog.naver.com/cutcut8
- 유튜브: 초등교사 공샘TV
- 팟캐스트: 초등주책쇼
- 메일: cutcut8@naver.com

**초등 문해력,
교과 어휘부터 해결한다 3학년 ❷**

지은이 김기용

초판 1쇄 인쇄 2022년 4월 15일
초판 1쇄 발행 2022년 4월 27일

발행인 박효상
편집장 김현
기획·편집 장경희
디자인 임정현
본문·표지 디자인 페이지트리
마케팅 이태호, 이전희
관리 김태옥

종이 월드페이퍼 | **인쇄·제본** 예림인쇄·바인딩 | **출판등록** 제10-1835호
펴낸 곳 사람in | **주소** 04034 서울시 마포구 양화로11길 14-10(서교동) 3F
전화 02) 338-3555(代) | **팩스** 02) 338-3545 | **E-mail** saramin@netsgo.com
Website www.saramin.com

ISBN 978-89-6049-940-9
        978-89-6049-938-6 64710 (세트)

 주의사항 종이에 베이거나 긁히지 않도록 조심하세요. 책 모서리가 날카로우니 던지거나 떨어뜨리지 마세요.

우아한 지적만보, 기민한 실사구시 **사람in**

글이 쏙쏙! 공부 재미가 쑥쑥!

초등 문해력, 교과 어휘부터
해결한다

김기용 지음

3
학년
2

사람in
saram
in.com

초등 문해력, 교과 어휘부터 해결하세요!

우리 아이들의 문해력은 안녕한가요? 4차 산업혁명 시대에 사는 우리 아이들에게 문해력의 중요성은 더욱 강조되고 있습니다. 우리에게는 수많은 가공된 정보와 가공되지 않은 정보가 주어집니다. 너무 많은 정보를 모두 이해하기는 어렵고, 나에게 꼭 필요한 정보를 찾아내기도 쉽지 않습니다. 따라서 무수히 많은 정보를 이해하고, 나에게 필요한 정보를 취사선택하여 새롭게 창조하는 4차 산업혁명 시대에는 문해력이 무엇보다 중요합니다. 그렇다면 우리 아이들의 문해력을 향상시켜주기 위해서는 어떻게 해야 할까요?

교육과정이 변화하면서 아이들이 배우는 내용은 점차 줄어들고 쉬워지고 있습니다. 하지만 아이들은 점점 더 공부를 어려워하고, 국가 수준의 학업성취도가 떨어지면서 이에 따라 실질 문맹률(글을 읽고 쓸 수 있지만 정확한 이해는 어려운 수준)은 점차 높아지고 있습니다. 환경적인 측면에서 생각해 보면 아이들은 공부를 더 잘해야 하지만 결과는 정반대입니다. 왜 그럴까요?

여러 원인 중 가장 큰 원인은 '**문해력의 부재**'입니다. 문해력은 글을 읽고 이해하는 능력에 넓게는 자기 생각을 다양한 방식으로 표현하는 것을 포함하는 개념입니다. 또한 공부를 잘하기 위한 독서, 글쓰기, 공책 정리, 규칙적인 습관, 복습 등 모든 조건들을 포함하는 개념이 '문해력'입니다. 요즘 아이들은 교과서를 읽지 않습니다. 읽을 필요가 없기 때문이죠. 친절하게 정리된 내용으로 공부합니다. 떠먹여 주는 공부에 익숙해지니 문장을 스스로 읽을 필요가 없고, 설명만 열심히 듣고 문제를 풀면 됩니다. 배운 내용을 새롭게 정리할 필요도 딱히 없으니 응용력과 표현력도 부족해집니다.

또 다른 원인은 '**부족한 어휘력**'입니다. 글을 읽고 이해할 때 가장 필수적인 요소는 어휘입니다. 이 어휘는 무조건 책만 많이 읽는다고 길러지지 않습니다. 특히 본격적인 학습이 시작되는 초등 3학년의 경우, 각 교과목의 기본 어휘가 향후 어휘 학습의 바탕이 되므로 교과 어휘 학습은 무엇보다 중요합니다. 문해력에 앞서 어휘가 먼저라고 말하는 이유이기도 하지요.

세 번째 원인은 '**떨어지는 학습 자신감**'입니다. 아이들은 다양한 환경에서 친구들과의 실력차가 노출됩니다. 모르는 내용이 많으면 위축되고 아는 내용이 많으면 자신감이 커지기 마련입니다. 부족한 자신감이 누적된 아이들은 학습된 무기력에 빠지기도 합니다. "난 해도 안 돼.", "난 머리가 나빠.", "소용없어." 등 공부에 부정적인 생각을 가지게 됩니다. 첫 단추를 잘 꿰는 것이 중요하기 때문에 아이들이 학습 자신감을 유지할 수 있도록 많은 어휘를 익히고, 대화를 나누고, 문제를 풀고, 글을 써보는 활동이 꼭 필요합니다. 수업 시간에 우리 아이가 어려운 퀴즈를 모두 맞히거나 어려운 어휘로 멋진 글을 써 내려가면 친구들의 칭찬에 자신감이 쑥쑥 자라납니다.

네 번째 원인은 **공부와 거리두기에 최적화된 유튜브, 게임, TV 3형제**입니다. 줄여서 '유게티'라고 말씀드리겠습니다. 우리 아이 문해력을 기르고 싶다면 '유게티'의 자극적인 영상에 노출되는 것과 중독을 최소화해 주세요. 자극적인 어휘와 빠른 전개, 화려한 화면 전환에 익숙해진 아이들은 문해력을 기르기 힘듭니다. '유게티'와 함께할 때 우리 뇌는 아무런 반응을 하지 않는다고 합니다. 한마디로 사고를 하지 않는 거죠. 어휘가 폭발적으로 자라날 시기에 자극이 없다면 뇌 발달에 안 좋은 영향을 미칩니다. 자극적인 영상과 간단한 설명에 익숙해진 아이들에게 하얀색 배경에 까만색으로 쓰인 글씨는 어떤 느낌일까요? 따분하고 재미없겠죠. 글 전체를 다 읽기도 어렵고 읽어도 이해하기는 더욱 어렵죠. '유게티'는 사용 시간을 정해서 정해진 시간만큼만 할 수 있도록 해 주세요.

문해력은 정해진 공식에 숫자를 대입하여 답을 구하는 수학과는 많이 다릅니다. 어휘의 종류, 쓰임새, 문장, 상황에 따라 경우의 수가 무척이나 다양합니다. 문해력에서 가장 중요한 '어휘'는 반복 학습이 꼭 필요합니다. 이 책에서는 단어의 사전적 뜻을 읽고, 응용문제를 풀며 실제 지문에 쓰인 활용 문제까지 학습하면 자연스럽게 3번 반복 학습이 가능합니다. 배운 어휘를 실생활에서 사용하거나 글쓰기 등에 활용한다면 4번, 5번 복습도 가능하죠. 이처럼 학년 수준에 맞는 교과서의 어휘를 다양한 방식으로 풀어보며 우리 아이의 것으로 만든다면 성적의 키워드인 문해력의 기초를 충분히 쌓을 수 있습니다. 재미있게 공부한 어휘를 통해 문해력도 쑥쑥, 자신감도 쑥쑥 길러질 겁니다. 하루에 1챕터씩 20일! 주말을 제외하고 한 달 즈음이면 한 학기 어휘를 모두 정복할 수 있습니다. 아이와 함께 하루에 1챕터씩 풀며 즐거운 어휘 여행을 떠나 보세요.

저자 김기용

이 책의 차례

국어

국어 활동

사회

도덕

과학

이 책의 구성과 특징

 1일 1챕터! 20일 완성 문해력 향상 프로젝트를 시작해 보세요. 꼭 목차 순서대로 공부하지 않아도 괜찮아요. 차례를 보고 그날 그날 원하는 과목, 원하는 주제를 골라 공부해 보세요.

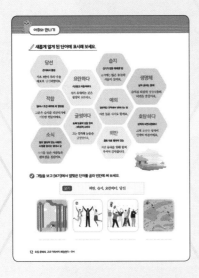

어휘와 만나기

각 장에서 배울 어휘를 미리 만나 보는 코너입니다.
단어의 뜻과 예문을 읽고, 새로 알게 된 단어에 표시도 해 보세요.
단어를 이용한 간단한 문제를 풀며 어휘와 친해질 준비 운동을
해 보세요.

어휘와 친해지기

'어휘와 만나기'에서 살펴본 단어들과 친숙해지기 위한 활용 문제
가 나오는 코너입니다.
앞에서 나온 단어를 쓰면서 의미를 되새겨 보세요.

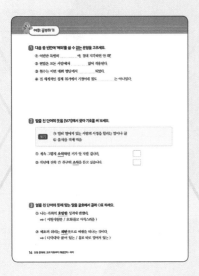

어휘 공부하기

앞에서 배운 단어들이 다양한 문장에서 어떻게 쓰이고 있는지
문제를 통해 확인해 보는 코너입니다.
문제를 풀면서 추가로 알아두면 좋은 단어들에 대한 설명을
'어휘 꿀팁'에 넣었으니 꼭 함께 기억해 두세요.

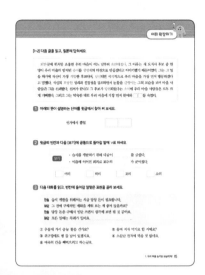

어휘 확장하기

공부한 단어들이 문장을 넘어 글 속에서는 어떻게 녹여 활용되고 있는지 알아보는 코너입니다.
앞에 나온 단어들이 들어간 글을 읽고, 글의 이해를 묻는 여러 가지 관련 문제를 풀어 보세요.

쉬는 시간

낱말 퀴즈 같은 쉬운 퀴즈도 풀고, 사자성어와 관련된 재미있는 이야기도 읽으며 공부에 대한 부담감을 덜어 보세요.

정답과 해설

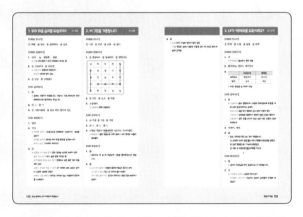

정답과 함께 문제에 나온 다른 단어나 표현들에 대한 설명도 함께 확인해 보세요.

단어 한눈에 보기

각 챕터에 나온 단어를 정리한 코너입니다.
모르는 단어를 확인하고 나만의 단어장을 만들어 보세요.

1

우리 마을 습지를 되살리자!

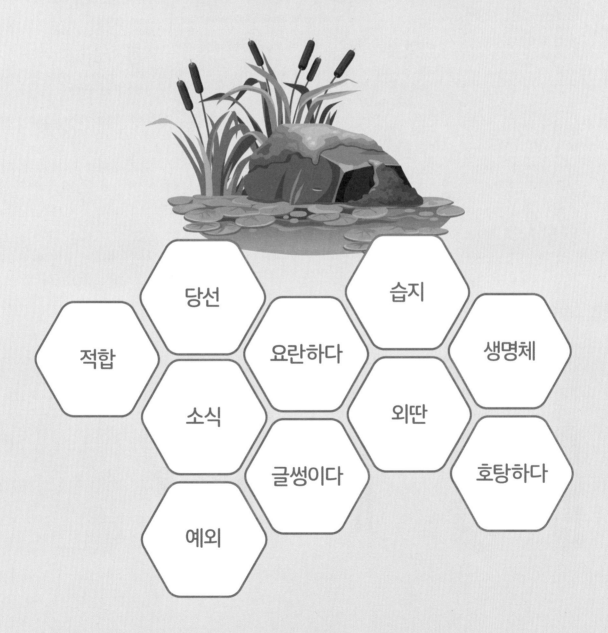

당선

습지

적합

요란하다

생명체

소식

외딴

글썽이다

호탕하다

예외

새롭게 알게 된 단어에 표시해 보세요.

당선
선거에서 뽑힘
기호 1번이 우리 마을 대표로 당선되었어요.

요란하다
시끄럽고 떠들썩하다
선거 유세하는 곳은 굉장히 요란해요.

습지
습기가 많은 축축한 땅
습지에는 많은 동물과 식물이 살아요.

생명체
살아 숨쉬는 물체
습지를 되살려 생명체들의 터전을 만들어요.

적합
일이나 조건 따위에 꼭 알맞음
그분은 습지를 되살리기에 적합한 인물이에요.

예외
일반적인 규칙에서 벗어나는 일
이번 일은 예외로 할게요.

글썽이다
눈에 눈물이 넘칠 듯이 그득하게 고이다
그는 감격해 눈물을 글썽였어요.

호탕하다
성격이 시원시원하다
그의 호탕한 성격이 인기의 비결이에요.

소식
멀리 떨어져 있는 사람의 사정을 알리는 말이나 글
소식을 들은 사람들은 환호성을 질렀어요.

외딴
홀로 따로 떨어져 있는
외딴 동네를 위해 힘써 주셔서 감사합니다.

그림을 보고 [보기]에서 알맞은 단어를 골라 빈칸에 써 보세요.

> **보기** 외딴, 습지, 요란하다, 당선

①

②

③

④

----------------- ----------------- ----------------- -----------------

1 밑줄 친 말과 바꾸어 쓸 수 있는 단어를 골라 ○표 하세요.

습지(은)는 홍수 방지와

하천 수질을 보호한다.

· ·

살아 있는 **생명체**(은)는 모두 움직인다.

댐

늪

숲

물체

생물

진물

2 빈칸에 알맞지 <u>않은</u> 단어를 골라 ∨표 하세요.

① 선거 운동을 하는 곳은 꽤나 ＿＿＿＿＿＿＿.

☐ 시끄럽다   ☐ 요란하다   ☐ 떠들썩하다   ☐ 고요하다

② 반장을 뽑을 땐 가장 ＿＿＿＿＿＿ 친구를 뽑아야 해.

☐ 걸맞은   ☐ 적합한   ☐ 적절한   ☐ 부당한

3 빈칸에 알맞은 단어를 넣어 문장을 완성해 보세요.

① 이번 선거에서는 기호 2번이 | ㄷ | ㅅ | 되었다.

② 나는 예상치 못한 선물에 감동받아 눈물을 | ㄱ | ㅆ | ㅇ | ㄷ |.

1 다음 중 빈칸에 '예외'를 쓸 수 없는 문장을 고르세요.

① 이번만 특별히 ＿＿＿＿＿＿야. 절대 지각하면 안 돼!

② 헌법은 모든 사람에게 ＿＿＿＿＿＿없이 적용된다.

③ 철수는 이번 대회 명단에서 ＿＿＿＿＿＿되었다.

④ 전 세계적인 경제 위기에서 기철이네 집도 ＿＿＿＿＿＿는 아니었다.

2 밑줄 친 단어의 뜻을 [보기]에서 찾아 기호를 써 보세요.

보기
> ㉠ 멀리 떨어져 있는 사람의 사정을 알리는 말이나 글
> ㉡ 음식을 적게 먹음

① 계속 그렇게 **소식**하면 키가 안 자랄 겁니다. ☐

② 작년에 전학 간 친구의 **소식**을 듣고 싶습니다. ☐

3 밑줄 친 단어의 뜻에 맞는 말을 괄호에서 골라 ○표 하세요.

① 나는 라희의 **호탕한** 성격에 반했다.
➡ (시원시원한 / 호화롭고 사치스러운)

② 세호의 취미는 **외딴**곳으로 여행을 떠나는 것이다.
➡ (다닥다닥 붙어 있는 / 홀로 따로 떨어져 있는)

[1~2] 다음 글을 읽고, 질문에 답하세요.

> 외딴곳에 위치한 조용한 우리 마을이 어느 날부터 요란해졌다. 그 이유는 새 도지사 후보 중 한 명이 우리 마을의 방치된 습지를 생명체의 터전으로 만들겠다고 이야기했기 때문이었다. 그는 그 일을 하기에 자신이 가장 적합한 후보이며, 당선되면 예외적으로 우리 마을을 가장 먼저 방문하겠다고 말했다. 자신의 호탕한 성격과 진정성을 강조하면서 눈물을 글썽이는 그의 모습을 보며 마을 사람들은 그를 신뢰했다. 선거가 끝나고 그 후보가 당선되었다는 소식에 우리 마을 사람들은 모두 크게 기뻐했다. 그리고 그는 약속한 대로 우리 마을에 가장 먼저 찾아와 ☐☐를 숙였다.

1 아래의 뜻이 설명하는 단어를 윗글에서 찾아 써 보세요.

선거에서 뽑힘 ☐ ☐

2 윗글의 빈칸과 다음 [보기]에 공통으로 들어갈 말에 V표 하세요.

> **보기**
> • 습지를 개발하기 위해 다같이 ＿＿＿＿＿를 굴렸다.
> • 이틀째 이어진 회의로 모두의 ＿＿＿＿＿가 굳어졌다.

☐ 머리　　☐ 허리　　☐ 꼬리　　☐ 소리

3 다음 대화를 읽고, 빈칸에 들어갈 알맞은 표현을 골라 보세요.

한솔　습지 개발을 위해서는 지금 당장 돈이 필요합니다.
해담　그 전에 구체적인 계획을 세워 보는 게 좋지 않을까요?
한솔　당장 돈을 구해서 일단 쓰면서 생각해 보면 될 것 같아요.
해담　모든 일에는 차례가 있어요. ＿＿＿＿＿＿＿＿＿＿＿ .

① 우물에 가서 숭늉 찾을 건가요?　　② 울며 겨자 먹기로 할 거예요?
③ 쥐구멍에도 볕 들 날이 있겠지요.　　④ 소문난 잔치에 먹을 것 없네요.
⑤ 벼룩의 간을 빼먹으려고 하는군요.

가로세로 낱말 퀴즈 　'발'이 들어가는 낱말

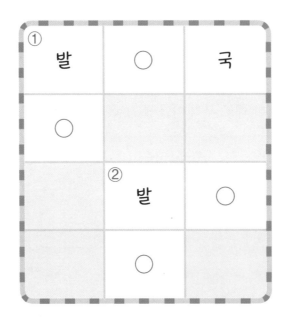

가로 → 　① 발로 밟은 자리에 남은 모양

　　　 예 눈이 내린 길에는 사람들의 발○국이 남는다.

　　② 이를 뽑음

　　　 예 이번 주 토요일에 사랑니 발○를 한다.

세로 ↓ 　① 찾아내지 못한 사물이나 현상, 사실을 찾아냄

　　　 예 숨겨 놓은 보물을 발○했다.

　　② 음성을 냄

　　　 예 철수는 영어 발○이 정말 좋아.

이 그림을 기증합니다

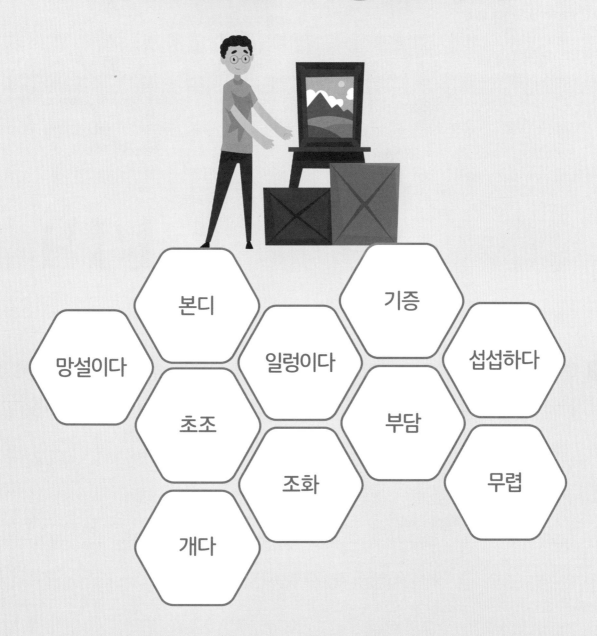

본디

기증

망설이다

일렁이다

섭섭하다

초조

부담

조화

무렵

개다

✏️ 새롭게 알게 된 단어에 표시해 보세요.

본디

사물이 전하여 내려온 그 처음

이 그림은 본디부터
제 것이 아니에요.

일렁이다

마음에 흔들림이 생기다

주변의 권유에 내 마음이
일렁였어요.

기증

선물이나 기념으로 남에게
물품을 그냥 줌

이 그림을 국가에
기증할게요.

섭섭하다

서운하고 아쉽다

그림이 내 손을 떠나니
섭섭한 마음이 들어요.

망설이다

이리저리 생각만 하고 태도를
정하지 못하다

사실 몇 년 동안
망설였어요.

부담

어떠한 의무나 책임을 짐

이제 부담을 덜 수 있게
되었어요.

초조

애가 타서 마음이 조마조마함

경기 결과를 초조하게
지켜보았어요.

무렵

대략 어떤 시기와 일치하는 즈음

세 살 무렵에 이 그림을
갖게 되었어요.

조화

서로 잘 어울림

이 작품은 그림과 여백의
조화가 뛰어나요.

개다

흐리거나 궂은 날씨가 맑아지다

온종일 흐리던 날씨가
드디어 맑게
개었어요.

✅ 빈칸에 들어갈 단어로 알맞은 것을 찾아 연결해 보세요.

① 그는 집안의 가보를 국가에 [　][　] 했다. ●   ● 부담

② 선물이에요. [　][　] 갖지 말고 받아 주세요. ●   ● 조화

③ 이 작품에서는 나비와 새가 [　][　] 롭다. ●   ● 기증

④ 그는 [　][　] 부터 용맹함이 하늘을 찔렀다. ●   ● 본디

1 뜻에 알맞은 단어를 찾아 선으로 연결하고 빈칸에 써 보세요.

섭	이	하	한	일
망	솔	설	다	렁
설	망	섭	하	이
이	~~섭~~	~~섭~~	~~하~~	~~다~~
다	빈	렁	섭	일

① ☐ ☐ ☐ ☐ : 서운하고 아쉽다

② ☐ ☐ ☐ ☐ : 이리저리 생각만 하고 태도를 정하지 못하다

③ ☐ ☐ ☐ ☐ : 마음에 흔들림이 생기다

2 다음 문장이 완성되도록 괄호 안에서 알맞은 단어를 골라 보세요.

① 막상 올림픽 경기에 나가니 심리적 (부담 / 부족)이 느껴진다.

② 기다리던 친구가 오지 않아서 (초조 / 기대)해졌다.

③ 퇴근 시간 (무렵 / 수렵)에는 길이 막힌다.

3 밑줄 친 부분과 바꾸어 쓸 수 <u>없는</u> 단어를 골라 ○표 하세요.

상대방이 내 마음을 몰라주면 무척이나 **섭섭하다.**

➡ 서운하다 / 서글프다 / 소중하다 / 안타깝다

1 주어진 단어의 뜻을 참고해 문장의 빈칸에 알맞은 말을 써 보세요.

> • 기증: 선물이나 기념으로 남에게 물품을 그냥 줌
> • 기여: 도움이 되는 역할을 함
> • 기생: 다른 동물 또는 식물에 붙어서 양분을 얻어 사는 것

① 진드기는 야생동물의 피부에 _____ 한다.

② 찬열이는 자신의 책 10권을 도서관에 _____ 했다.

③ 풍부한 독서량은 문해력 향상에 _____ 한다.

2 밑줄 친 단어의 뜻을 [보기]에서 찾아 기호를 써 보세요.

> 보기
> ㉠ 흐리거나 궂은 날씨가 맑아지다
> ㉡ 옷이나 이부자리를 겹치거나 접어서 단정하게 포개다

① 소나기가 내리고 하늘이 **개었다.** ☐

② 아침에 일어나 이불을 반듯하게 **개었다.** ☐

③ 엄마가 **개어** 둔 옷을 강아지가 뒤섞어 놓았다. ☐

3 밑줄 친 부분과 바꾸어 쓸 수 있는 말을 [보기]에서 찾아 문장을 다시 써 보세요.

> 보기　　덤벙대다, 머뭇거리다, 침착하다, 집어넣다

무엇을 먹을지 **망설이다** 5분이나 지나버렸다.

➡

[1~2] 다음 글을 읽고, 질문에 답하세요.

> 저는 세 살 무렵에 이 그림을 부모님께 물려받았습니다. 본디 제 물건이 아닌 셈입니다. 이 그림을 기증하는 것을 많이 망설였습니다. 주변에서 그림을 팔면 큰돈을 주겠다는 제안에 마음이 일렁이기도 했습니다. 하지만 다른 사람들이 이 그림이 가진 조화로운 색들을 보며 힘을 얻는다면 그것이 저에게 더 큰 보람을 줄 거라고 생각했습니다. 며칠 동안 계속된 궂은 날씨가 개어 가는 것을 보니 기분이 좋았습니다. 덩달아 그림을 계속 관리해야 한다는 부담을 내려놓으니, 오래 함께한 그림과 이별한다는 섭섭함도 함께 사라져 갑니다.

1 윗글을 읽고 알게 된 내용으로 알맞지 <u>않은</u> 것을 고르세요.

① 글쓴이는 그림을 팔지 않았다.

② 글쓴이는 세 살 때부터 그림을 그렸다.

③ 글쓴이는 다른 사람들을 생각하여 그림을 기증했다.

④ 글쓴이가 기증할 때 날씨도 덩달아 맑아졌다.

⑤ 글쓴이는 그림을 기증하기 전에 고민을 많이 했다.

2 윗글의 밑줄 친 부분과 바꾸어 쓸 수 있는 표현을 고르세요.

① 눈과 귀가 쏠립니다.　　　　　　② 눈코 뜰 새 없습니다.

③ 눈 녹듯이 사라졌습니다.　　　　　④ 눈이 핑핑 돌아갑니다.

3 서로 비슷한 뜻을 지닌 단어끼리 묶인 것을 고르세요.

> ㉠ 조화 – 모순　　　　　　　㉡ 본디 – 원래
> ㉢ 기증 – 기념　　　　　　　㉣ 무렵 – 즈음

① ㉠, ㉡　　　　　　② ㉠, ㉣　　　　　　③ ㉡, ㉢

④ ㉡, ㉣　　　　　　⑤ ㉢, ㉣

결 초 보 은

結	草	報	恩
맺을 결	풀 초	갚을 보	은혜 은

결초보은은 '풀을 묶어 은혜를 갚는다'는 뜻이에요. 풀을 묶어 은혜를 갚는다는 게 무슨 뜻일까요? 옛날 진나라에 '위무자'라는 사람이 새 부인과 살고 있었대요. 위무자는 죽을병에 걸리자 아들인 위과에게 "내가 죽거든 네 새어머니를 다른 곳에 시집보내거라."라고 했대요. 그런데 죽기 전에 말을 바꾸었대요. "내가 죽을 때 네 새어머니를 나와 같이 묻거라."라고 말이에요. 아버지가 돌아가시자 위과는 고민하다가 새어머니를 다른 곳으로 시집보냈어요.

시간이 흐르고 위과는 군대를 거느리고 전쟁터로 향했어요. 위과의 군대는 오갈 데 없이 위험에 빠졌죠. 그때 한 노인이 나타나 열심히 풀을 묶더니 어느새 사라졌어요. 그리고 전투가 시작된 순간 적군이 말을 타고 달려오다가 묶어 놓은 풀에 모두 걸려 넘어졌어요. 덕분에 위과의 군대는 대승을 거둘 수 있었죠. 그날 밤 위과의 꿈에 나타난 노인이 말했어요. '나는 당신이 시집보내 준 새어머니의 아버지입니다. 내 딸을 살려 주어 은혜에 보답했습니다.'

이처럼 풀을 묶어 은혜를 갚는다는 결초보은은 죽어서도 은혜를 잊지 않고 갚는다는 뜻으로 쓰입니다. 여러분도 누군가에게 배려나 은혜를 받는다면 기억해 두었다가 더 크게 갚는 건 어떨까요?

내가 액체괴물 도둑이라고?

누명

당당

바짝

머무르다

몰다

말귀

부탁

당번

찡그리다

미어지다

✏️ 새롭게 알게 된 단어에 표시해 보세요.

누명

사실이 아닌 일로
억울한 평판을 얻음

철수가
액체괴물을 훔쳤다는
누명을 썼어요.

바짝

매우 가까이 달라붙거나
세게 조이는 모양

기석이는 철수 옆에
바짝 달라붙었어요.

부탁

어떤 일을 해 달라고
청하거나 맡김

부탁이니 제 말을
믿어 주세요.

몰다

대상을 바라는 처지나 방향으로
움직여 가게 하다

친구들은 철수가
범인이라고 몰았어요.

당당

남 앞에 내세울 만큼
떳떳한 모습이나 태도

철수가 자기는
범인이 아니라고
당당하게 말했어요.

머무르다

도중에 멈추거나 일시적으로
어떤 곳에 묵다

그때 교실에 머물렀던
사람이 또 있나요?

찡그리다

얼굴의 근육이나 눈살을
몹시 찌그리다

도수가 선호에게
눈을 찡그렸어요.

미어지다

가슴이 찢어질 듯이
심한 고통이나 슬픔을 느끼다

친구가 억울해하는
모습을 보니
가슴이 미어져요.

말귀

남이 하는 말의 뜻을
알아듣는 총명한 기운

도대체 왜 말귀를
못 알아듣는 거니?

당번

어떤 일의 차례가 된 사람

철수는 그날 당번이라
교실에 있었어요.

✔️ 단어의 뜻을 보고, 문장에 알맞은 말을 써 보세요.

뜻

① 남이 하는 말의 뜻을 알아듣는
총명한 기운

② 사실이 아닌 일로 억울한 평판을
얻음

③ 남 앞에 내세울 만큼 떳떳한 모습
이나 태도

④ 매우 가까이 달라붙거나 세게 조이는
모양

문장

➡ 세 번째 이야기하니 | ㅁ | ㄱ |를 알아듣는구나.

➡ 그는 억울한 | ㄴ | ㅁ |을 쓰고 감옥에 갔다.

➡ 반장은 어떤 상황에도 | ㄷ | ㄷ |하게 말한다.

➡ 성민이는 머리를 | ㅂ | ㅉ | 깎았다.

1 빈칸에 공통으로 들어갈 한 글자를 써 보세요.

- 다음에 내 [ ]탁을 들어줄래?

- 나는 용돈을 많이 모아서 [ ]자가 될 거야!

- 시험에서 [ ]정행위를 하면 안 돼!

2 대화의 빈칸에 들어갈 알맞은 단어를 써 보세요.

철수 양치기 개가 양을 한 곳으로 이동시키고 있네?

영희 응. 저런 걸 '양치기 개가 양을 한곳으로 [ㅁ][ㄷ]'라고 표현해.

철수 그렇구나. 어, 너 왜 눈물을 글썽이는 거야?

영희 지난주에 하늘나라로 간 복실이 생각에 가슴이 [ㅁ][ㅇ][ㅈ][ㄷ].

3 다음 표에 있는 단어의 비슷한 말과 반대말을 [보기]에서 찾아 써 보세요.

> 보기   당직, 비번, 떠나다, 체류하다

	비슷한 말	반대말
머무르다		
당번		

1 밑줄 친 부분과 바꾸어 쓸 수 있는 단어를 고르세요.

> 소희는 당황하면 미간을 **찡그린다.**

① 칭얼댄다   ② 방긋댄다   ③ 나무란다   ④ 주름잡다   ⑤ 찌푸린다

2 대화의 밑줄 친 단어의 뜻으로 알맞은 것을 골라 ○표 하세요.

현수 (이현이에게 **바짝** 다가앉으며) 이게 도대체 몇 년 만이야! 잘 지냈어?

이현 이야! 너무 반갑다. 별일 없었어?

➡ 매우 (가까이 / 멀리) 달라붙거나 (가볍게 / 세게) 조이는 모양

3 다음 중 [보기]의 단어를 사용해 만들 수 <u>없는</u> 문장을 고르세요.

> [보기]   몰다, 미어지다

① 손흥민 선수가 공을 _____ 주변 사람들이 환호성을 질렀다.

② 슬픈 영화를 보니 가슴이 _____ .

③ 새로 산 자동차를 _____ 여행을 떠났다.

④ 내 마음도 몰라주는 호찬이가 점점 _____ .

[1~3] 다음 글을 읽고, 질문에 답하세요.

> 체육 시간이 끝나고 모인 친구들이 웅성거린다. "네가 훔쳤지?" 기석이는 철수 옆에 바짝 달라붙으며 말했다. "아니야. 누명 씌우지 마. 난 액체괴물 안 가져갔어." 철수는 당당하게 말했다. 하지만 모여 있는 친구들 모두 철수를 범인으로 몰았다. "체육 시간에 교실에 머물렀던 사람이 또 누가 있는데?"라고 말하며 도수가 선호에게 눈을 찡그렸다. 그날 당번이었던 철수는 답답해하며 친구들에게 말귀를 못 알아듣는다고 이야기했다. ☐☐에 억울함이 가득한 철수를 보니 나는 가슴이 미어져 근처에 계신 선생님을 모셔 와야겠다고 생각했다.

1 윗글을 읽고 알 수 있는 내용이 <u>아닌</u> 것을 고르세요.

① 철수는 누명을 쓰고 억울해했다.　　② 친구들 대부분은 철수의 말을 믿지 않았다.

③ 철수는 체육 시간에 교실에 있었다.　　④ 친구들은 철수가 범인이라고 생각했다.

⑤ 선생님이 철수의 불명예를 씻어주었다.

2 윗글을 읽고, [보기]의 상황에 어울리는 표현을 골라 ∨표 하세요.

> 평소 기석이는 철수를 볼 때마다 마음에 안 드는 부분을 지적한다. 주변 친구들도 정확한 이유는 모른다. 기석이와 철수는 어렸을 때 친했다고 들었는데 지금은 왜 그런지 모르겠다.

① 철수는 기석이에게 미운털이 박혔나 봐. ☐　　② 철수는 늘 머리털이 곤두서 있다. ☐

③ 예전엔 털끝도 못 건드리는 사이였구나. ☐

3 윗글의 빈칸과 다음 문장의 밑줄에 공통으로 들어갈 말에 ∨표 하세요.

> • 사람이 이렇게 많은데 춤을 추다니 넌 참 _____이 두껍구나.
>
> • 2등은 창피한 게 아니야. _____을 들어.

☐ 몸통　　　☐ 뒷목　　　☐ 손등　　　☐ 얼굴

긴 글쓰기가 어렵나요?
생각그물 글쓰기를 해 보세요

긴 글쓰기를 어려워하는 친구들이 많을 거예요. 교과서를 보면 10줄도 넘는 글을 쓰라고 공간이 있기도 하죠. 어떻게 하면 이 공간을 다 채워 긴 글을 쓸 수 있을까요? 글을 쓰기 전 생각그물로 글감을 떠올리면 됩니다. 왜 이게 필요하냐면요, 우리가 하는 생각은 꼬리에 꼬리를 무는 경우가 대부분인데, 생각과 생각을 관련 짓는 것은 새로운 생각이 피어나게 만들기 때문입니다.

한 가지 내용을 정해 생각그물 글쓰기의 예를 보여줄게요.

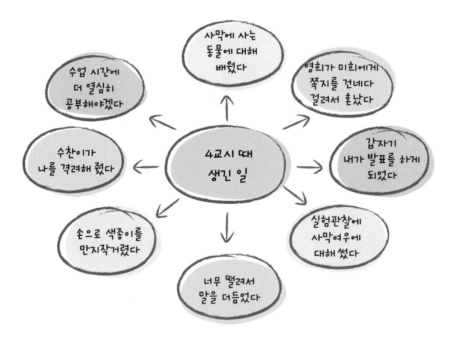

4교시라는 구체적인 시간을 대상으로 생각그물을 써 보니 8가지 내용이 금방 떠올랐네요. 이 8가지 내용을 토대로 글쓰기를 한다면 10줄, 20줄은 금방 쓸 수 있지 않을까요? 이 방법을 이용해 여러분도 다양한 글쓰기에 도전해 보세요.

두둥! 올림픽 개막

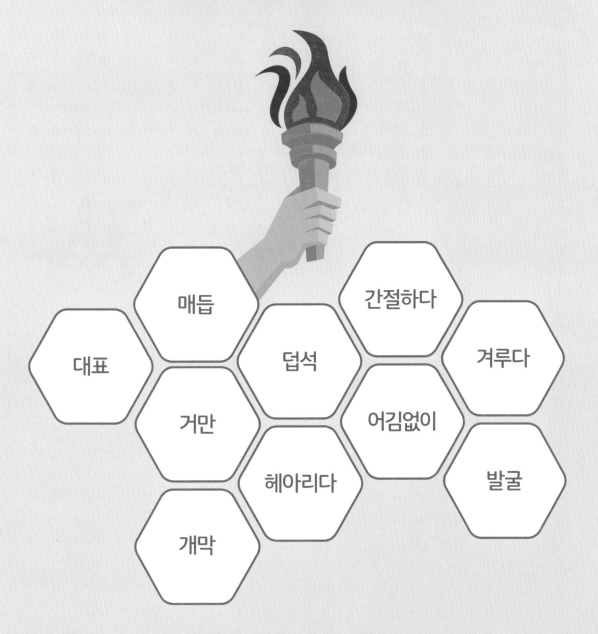

매듭

대표

간절하다

덥석

겨루다

거만

어김없이

헤아리다

발굴

개막

✏️ 새롭게 알게 된 단어에 표시해 보세요.

대표

전체를 대표하는 사람

이번 올림픽에 국가 대표로 선발됐어요.

덥석

왈칵 달려들어 물거나 움켜잡는 모양

우리는 너무 반가워 손을 덥석 잡았어요.

매듭

어떤 일에서 순조롭지 못하게 맺히거나 막힌 부분

이 매듭만 풀면 문제가 해결돼요.

간절하다

마음속에서 우러나와 바라는 정도가 매우 절실하다

국민은 대한민국의 우승을 간절히 바랐어요.

겨루다

서로 버티어 승부를 다투다

올림픽 경기에서는 서로의 운동 실력을 겨뤄요.

거만

잘난 체하며 남을 업신여기는 데가 있음

세계 랭킹 1위가 거만한 표정을 보였어요.

어김없이

틀림이 없이

올림픽이 4년 만에 어김없이 찾아왔어요.

발굴

알려져 있지 않거나 뛰어난 것을 찾아 밝혀냄

숨어 있는 인재를 발굴해 내는 것도 능력이에요.

헤아리다

짐작하여 가늠하거나 미루어 생각하다

그동안 선수들이 한 노력은 헤아리기 어려워요.

개막

연극, 음악회, 행사, 시대 상황 등의 시작

올림픽 개막식이 성대하게 치러졌어요.

✅ 단어와 뜻이 올바르게 연결될 수 있도록 중간에 선을 그어 사다리를 만들어 보세요.

어김없이	간절하다	겨루다	개막
연극, 음악회, 행사, 시대 상황 등의 시작	틀림이 없이	서로 버티어 승부를 다투다	마음속에서 우러나와 바라는 정도가 매우 절실하다

1 다음 상황에 관련된 단어를 [보기]에서 골라 써 보세요.

> 보기   발굴, 거만, 덥석

① 땅 속에 묻혀 있던 공룡의 뼈를 찾아냈다.

② 배가 너무 고파 사과를 냉큼 베어 물었다.

③ 소영이는 조금 잘한다고 거드름을 피운다.

2 빈칸에 공통으로 들어갈 한 글자를 써 보세요.

• 체육 대회 계주는 반별로 [　]표를 선발한다.

• 친구가 다리를 다쳐서 내가 [　]신 뛰게 되었다.

• 군대에서는 교[　]로 경계근무를 선다.

※ 경계근무: 군대에서 사고가 생기지 않도록 조심하고 단속하기 위하여 서는 근무

3 밑줄 친 단어의 뜻을 [보기]에서 찾아 기호를 써 보세요.

> 보기
> ㉠ 수량을 세다
> ㉡ 짐작하여 가늠하거나 미루어 생각하다

① 내 어려움을 **헤아려** 줘서 고마워.

② 체험 학습이 며칠 남았는지 **헤아려** 보자.

1 밑줄 친 부분과 바꾸어 쓸 수 <u>없는</u> 단어를 골라 ○표 하세요.

> 점박이 고양이는 매일 9시만 되면 **어김없이** 우리 집 앞에 나타난다.
> ➡ 꼭 / 반드시 / 틀림없이 / 우연히

2 대화의 빈칸에 공통으로 들어갈 단어를 찾아 V표 하세요.

> 이환 오늘은 바느질을 다 하고 실을 묶어 _____짓는 방법을 배울게요.
>
> 상현 모르면 선생님께 여쭤 보는 게 어때?
>
> 미영 아니야. 스스로 이 일을 _____지어 보고 싶어.

	결말		매듭		단락		실마리

3 빈칸에 들어갈 단어가 바르게 짝지어진 것을 고르세요.

> • 나는 이번 대회 우승이 여느 때보다 더 _____㉠_____.
> • 올림픽에서는 다른 나라 선수와 기량을 _____㉡_____.
> • 올림픽 _____㉢_____을 알리는 성화가 도착했다.

	㉠	㉡	㉢
①	간절해	겨룬다	개막
②	그리워	겨룬다	중단
③	간절해	겨룬다	중단
④	그리워	합친다	개막
⑤	간절해	합친다	개막

[1~3] 다음 글을 읽고, 질문에 답하세요.

> 올림픽은 운동 실력을 겨루는 세계적인 축제로 4년마다 어김없이 개막식이 열린다. 각국은 선수들을 보내며, 이렇게 한 나라를 대표해 올림픽에 나갈 대표 선수를 발굴하는 건 쉽지 않다. 모든 국민은 자국의 선수들이 우승하기를 간절히 바란다. 메달을 따기 위해 선수들이 그동안 한 노력은 헤아리기 어렵다. 금메달을 딴 양궁의 김화살 선수는 세계 1위라는 이름에 걸맞게 거만하지 않은 겸손한 태도로 "메달을 보니 나도 모르게 덥석 잡게 되었다. 4년 전의 준우승을 우승으로 매듭짓게 되어 기쁘다. 우승은 절대 눈에 보이는 ☐모습처럼 <u>식은 죽 먹기</u>가 아니다."라는 인터뷰를 했다.

1 아래의 뜻이 설명하는 단어를 윗글에서 찾아 써 보세요.

- 잘난 체하며 남을 업신여길 때 쓰이는 단어예요.
- 뜻이 비슷한 단어로 '거드름', '오만'이 있어요.
- 뜻이 반대인 단어로 '겸손'이 있어요.

☐☐

2 윗글의 밑줄 친 부분과 뜻이 <u>다른</u> 속담을 골라 V표 하세요.

① 티끌 모아 태산 ☐   ② 땅 짚고 헤엄치기 ☐

③ 누워서 떡 먹기 ☐

3 윗글의 빈칸에 들어가는 말과 같은 것이 들어가는 문장을 고르세요.

① 골치 아픈 일이 해결되니 ＿＿＿＿＿이 시원하다.

② 키우던 강아지를 잃어버려 ＿＿＿＿＿이 탄다.

③ 너 미영이 좋아해? ＿＿＿＿＿이 빤히 보이네.

④ 하고 싶은 이야기가 뭐야? ＿＿＿＿＿으로 빙빙 돌리지 말고 말해 봐.

⑤ 소화 안 된다더니 ＿＿＿＿＿은 좀 풀렸어?

가로세로 낱말 퀴즈 '해'와 '달'이 들어가는 낱말

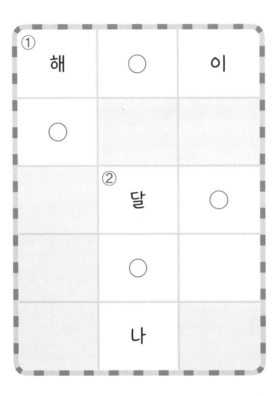

가로 →
① 해가 막 솟아오르는 때

예 새해 첫 해○이를 보기 위해 일찍 잠자리에 들었다.

② 학문이나 기술에 통달해 남달리 뛰어난 능력을 가진 사람

예 철수는 컵 쌓기의 달○이다.

세로 ↓
① 주로 바다에서 공격과 방어의 임무를 수행하는 군대

예 우리나라 해○은 바다를 지킨다.

② 불 위에 국자를 올리고 거기에 설탕과 소다를 넣어 만든 과자

예 달○나는 예전에 먹던 추억의 과자다.

5

예방 접종은 무서워

지시

처방

증세

예방

충분

따끔

억지로

간호

의좋은

닿다

어휘와 만나기

✏️ 새롭게 알게 된 단어에 표시해 보세요.

증세

병을 앓을 때 나타나는 여러 가지 상태나 모양

증세가 좋아지면 예방 접종하러 오세요.

처방

병을 치료하기 위하여 증상에 따라 약을 짓는 방법

의사의 처방에 따라 약국에서 약을 지었어요.

지시

일러서 시킴 또는 그 내용

약은 약사의 지시에 따라 복용해야 해요.

예방

질병이나 재해 등이 일어나기 전에 미리 대처하여 막는 일

예방 접종은 우리의 건강을 지켜 줘요.

충분

모자람 없이 넉넉함

물을 충분히 마시면 건강에 도움이 돼요.

따끔

찔리거나 꼬집히는 것처럼 아픈 느낌

주사를 맞은 부위가 따끔거렸어요.

간호

환자나 노약자를 보살피고 돌봄

엄마가 아픈 동생을 간호해요.

의좋은

정과 의리가 두터운

의좋은 형제는 서로를 걱정해 줘요.

닿다

어떤 물체가 다른 물체에 맞붙어 빈틈이 없게 되다

주사 바늘이 팔에 닿자 동생이 울었어요.

억지로

이치나 조건에 맞지 아니하게 강제로

아픔을 억지로 참으면 안 돼요.

✔️ 그림을 보고 [보기]에서 알맞은 단어를 골라 빈칸에 써 보세요.

보기   예방, 따끔, 의좋은, 처방

①	②	③	④

-------------	-------------	-------------	-------------

1 밑줄 친 말과 바꾸어 쓸 수 있는 단어를 골라 ○표 하세요.

아플 때는 **증세**(이)가 악화되기 전에
병원에 가야 한다.

증상

증거

갈증

우리는 훈련 교관의 **지시**에 따라
오른쪽으로 이동했다.

명령

망명

수명

2 빈칸에 알맞지 <u>않은</u> 단어를 골라 ∨표 하세요.

① 수학 문제를 모두 해결하는 데 10분이면 _____?

ㅁ 충분하지   ㅁ 족하지   ㅁ 넉넉하지   ㅁ 더부룩하지

② 옆집 형제는 서로 _____ 온 동네에 소문이 났다.

ㅁ 사이좋기로   ㅁ 의좋기로   ㅁ 매정하기로   ㅁ 화목하기로

3 빈칸에 알맞은 단어를 넣어 문장을 완성해 보세요.

① 감기는 손 씻기로 | ㅇ | | ㅂ | 할 수 있다.

② 엄마의 | ㄱ | | ㅎ | 로 감기가 하루 만에 나았다.

1 다음 중 빈칸에 '처방'을 쓸 수 <u>없는</u> 문장을 고르세요.

① 의사의 _____에 따라 약을 복용했다.

② 인구 문제를 해결하기 위해 정부가 극약 _____을 내렸다.

③ 한의원에서 침술과 한약을 _____받았다.

④ 이사 가는 김에 안 쓰는 물건은 _____하는 게 어때?

2 밑줄 친 단어의 뜻을 [보기]에서 찾아 기호를 써 보세요.

> 보기
> ㉠ 어떤 물체가 다른 물체에 맞붙어 빈틈이 없게 되다
> ㉡ 어떤 곳에 이르다

① 모래사장에서 발에 모래가 **닿았다.** ☐

② 배가 항구에 **닿았다.** ☐

3 밑줄 친 단어의 뜻에 맞는 말을 괄호 안에서 골라 ○표 하세요.

① 밥 세 그릇이면 **충분**히 먹은 거 아니야?

➡ (모자람 없이 넉넉함 / 있어야 할 것이 모자람)

② 너무 힘들 땐 **억지로** 참지 말고 힘들다고 이야기해.

➡ (힘들이거나 애쓰지 아니하고 저절로 / 이치나 조건에 맞지 아니하게 강제로)

1 다음 글을 읽고, 아래의 뜻이 설명하는 단어를 글에서 찾아 써 보세요.

> 예방 접종을 하려면 몸살 증세가 없어야 한다. 의좋은 형제나 자매는 함께 병원에 가기도 한다. 따끔한 예방 주사를 맞으면 충분한 휴식을 취하고, 상황에 따라 처방받은 약을 지시대로 복용하면 된다. 만약 몸에 평소와 다른 반응을 느꼈다면 주변의 간호를 받으며 병원에 전화로 문의한다. 그래도 변화가 없다면 억지로 참지 말고 병원에 가야 한다. 때로는 '엄마 손은 약손'이라는 말처럼 엄마의 따뜻한 손이 몸에 닿으면 낫는 경우도 있다.

정과 의리가 두터운   ☐ ☐ ☐

2 대화의 빈칸에 공통으로 들어갈 한 글자를 써 보세요.

이 간호사   응급실에 환자들이 너무 많아 ☐ 가빠.

김 간호사   (☐ 이 턱에 닿을 듯이 뛰어오며) 다른 응급환자 때문에 늦게 왔어.

박 간호사   ☐ 돌릴 사이도 없이 미안해. 우리 지금 바로 수술실로 들어가야 해.

3 다음 대화를 읽고 빈칸에 들어갈 알맞은 속담을 고르세요.

한솔   예방 접종 하러 가기가 너무 무서워.
해담   고민만 하면 맞으러 가기 더 무섭지 않을까?
한솔   그래도 막상 가려니 걱정돼서 못 가겠어.
해담   마음먹었으면 바로 실천해야지. _____ .

① 소문난 잔치에 먹을 것 없는 것처럼 말이야.   ② 쇠뿔도 단김에 빼야 하지 않겠어?
③ 밑 빠진 독에 물을 부어 보는 거야.   ④ 배보다 배꼽이 더 큰 셈이야.
⑤ 보기 좋은 떡이 먹기도 좋거든.

책을 많이 읽으면 똑똑해져요

캐나다의 요크대학교에서 실시한 연구에 따르면 우리의 뇌는 실제로 경험한 것과 책에서 읽은 것의 차이를 잘 구별하지 못한다고 해요. 즉, 우리의 뇌는 이야기를 머릿속으로 떠올릴 때와 실제로 경험할 때 같은 반응을 보인다는 거죠. 여러분은 책을 읽으면서 동화책 속 다양한 등장인물들과 여러분을 동일시하며 그들의 어려움과 행복을 실제처럼 느낍니다. 다른 사람의 인생을 책을 통해 간접적으로 살아 보는 거죠. 이처럼 다른 사람의 인생을 책을 통해 체험해 보면 뇌가 활성화되어 뇌를 전체적으로 사용하는 능력이 길러진다고 해요. 똑똑해지는 거죠.

또, 책을 많이 읽으면 글을 읽고 이해하는 능력이 길러지면서 이성적으로 판단하는 전두엽이 발달합니다. 전두엽은 뇌에서 가장 마지막에 발달하는데, 감정과 정보, 욕구 등을 통합하는 '뇌의 관제탑'입니다. 공부하는 데 가장 큰 영향을 미치는 부분 중 하나죠. 특히 책을 읽고 다양한 상상을 해 볼 때 더욱 활성화된다고 합니다. 그런데 이건 억지로 책을 읽으면 전혀 그렇게 되지 않는다고 해요. 꼭 한 문장씩 깊게 읽어 보고 '왜 그럴까?', '나라면 어땠을까?', '어떤 관련이 있지?' 등을 생각하며 읽어 보세요.

아낌없이 주는 나무

기후

흡수

밑동

불볕

쓸모

평평하다

탐스럽다

풍경

무진장하다

소품

어휘와 만나기

✏️ 새롭게 알게 된 단어에 표시해 보세요.

밑동
나무줄기에서 뿌리에 가까운 부분
나무가 베어져 밑동만 남았어요.

기후
기온, 비, 눈, 바람 따위의 대기 상태
기후에 따라 자연환경이 달라져요.

흡수
외부의 물질을 안으로 빨아들임
나무뿌리는 물을 흡수해요.

쓸모
쓸 만한 가치
세상에 쓸모없는 것은 아무것도 없어요.

평평하다
바닥이 고르고 판판하다
평평한 길을 걷다 보면 머리가 맑아져요.

불볕
몹시 뜨겁게 내리쬐는 햇볕
불볕더위는 나무를 힘들게 해요.

탐스럽다
가지고 싶은 마음이 들 정도로 끌리는 데가 있다
나무에 열매가 탐스럽게 열렸어요.

무진장하다
다함이 없이 굉장히 많다
전 세계에 나무의 수는 무진장해요.

소품
실물처럼 정교하게 만들어진 작은 모형
나무로 만든 소품이 인기 있어요.

풍경
산이나 들, 강, 바다 등의 자연이나 지역의 모습
숲은 멋진 풍경을 보여줘요.

✔️ 빈칸에 들어갈 단어로 알맞은 것을 이어 보세요.

① 환경오염으로 ☐☐ 가 변하고 있다. • • 쓸모

② 소나기가 ☐☐ 더위를 식혀 주었다. • • 기후

③ 스마트폰은 여러 가지 ☐☐ 가 있어. • • 흡수

④ 스펀지는 물을 ☐☐ 한다. • • 불볕

1 뜻에 알맞은 단어를 찾아 선으로 연결하고 빈칸에 써 보세요.

무	진	평	무	탐
탐	섭	쓸	진	럽
스	후	흡	장	품
럽	평	평	하	다
다	장	경	다	풍

① □ □ □ □ : 가지고 싶은 마음이 들 정도로 끌리는 데가 있다

② □ □ □ □ : 바닥이 고르고 판판하다

③ □ □ □ □ □ : 다함이 없이 굉장히 많다

2 다음 문장이 완성되도록 괄호 안에서 알맞은 단어를 골라 보세요.

① 공원에서 바라본 시골 (풍경 / 풍채)이(가) 무척이나 아름답다.

② 해솔이 방은 작고 예쁜 (소심 / 소품)들로 꾸며져 있다.

③ 잘려진 나무는 (밑동 / 외동)만 남아 있다.

3 밑줄 친 부분과 바꾸어 쓸 수 <u>없는</u> 단어를 골라 ○표 하세요.

우리 생활에 **쓸모 있는** 첨단제품이 많다.

➡ 쓸데 있는 / 불필요한 / 쓰임새 있는 / 유용한

1 주어진 단어의 뜻을 참고해 문장의 빈칸에 알맞은 말을 써 보세요.

> • 기후: 기온, 비, 눈, 바람 따위의 대기 상태
> • 기분: 대상·환경에 따라 마음에 절로 생기며 한동안 지속되는 감정
> • 기승: 기운이나 힘 따위가 좀처럼 누그러들지 않음

① 친구의 차가운 말에 _____이(가) 상했다.

② 대한민국의 _____은(는) 벼농사에 적합하다.

③ 8월에는 무더위가 _____을(를) 부린다.

2 밑줄 친 단어의 뜻을 [보기]에서 골라 기호를 써 보세요.

> 보기
> ㉠ 외부의 물질을 안으로 빨아들임
> ㉡ 외부로부터 전해 오는 충격을 분산시켜 효과가 사라지도록 함

① 이 옷은 땀을 **흡수**하는 능력이 탁월하다. ☐

② 자동차는 충격을 **흡수**하는 부품이 포함되어 있다. ☐

③ 식물은 뿌리에서 수분을 **흡수**한다. ☐

3 밑줄 친 부분과 바꾸어 쓸 수 있는 말을 [보기]에서 찾아 문장을 다시 써 보세요.

> 보기
> 평평하다, 흡수하다, 무궁무진하다, 탐스럽다

전 세계에 맛있는 음식은 **무진장하다**.

➡

[1~2] 다음 글을 읽고, 질문에 답하세요.

> 산에 있는 나무의 수가 셀 수 없이 무진장한 것을 볼 수 있다. 나무는 뿌리로 물을 흡수하고 햇빛을 통해 에너지를 얻으며 자란다. 나무는 우리에게 멋진 풍경과 탐스러운 열매를 제공하고, 산사태를 예방해 준다. 목재는 집에 있는 책상과 옷장, 소품 등을 만드는 데 쓰이며, 이 밖에도 생활에 여러 쓸모가 있다. 평평하게 잘린 나무 밑동은 우리에게 쉬어 갈 의자가 되어 준다. 또, 기후 변화로 인해 잦아진 불볕더위에 나무 그늘은 좋은 휴식처가 된다.

1 윗글을 읽고 알게 된 내용으로 알맞지 <u>않은</u> 것을 고르세요.

① 산에는 나무가 엄청나게 많다.

② 나무는 우리 생활에 여러 도움을 준다.

③ 나무 밑동에는 탐스러운 열매가 열린다.

④ 나무를 많이 심으면 산사태를 예방할 수 있다.

⑤ 나무는 집에 있는 작은 물건을 만들 때도 쓰인다.

2 윗글의 밑줄 친 부분과 바꾸어 쓸 수 있는 표현을 고르세요.

① 엉덩이를 붙일 수 있는 곳이다

② 엉덩이를 근질근질하게 만든다

③ 엉덩이를 가볍게 만든다

④ 엉덩이가 구리다

3 서로 비슷한 뜻을 지닌 단어끼리 묶인 것을 고르세요.

> ㉠ 기후 – 날씨
> ㉡ 불볕 – 그늘
> ㉢ 흡수 – 흡혈
> ㉣ 풍경 – 경치

① ㉠, ㉡

② ㉠, ㉣

③ ㉡, ㉢

④ ㉡, ㉣

⑤ ㉢, ㉣

가로세로 낱말 퀴즈 '별'이 들어가는 낱말

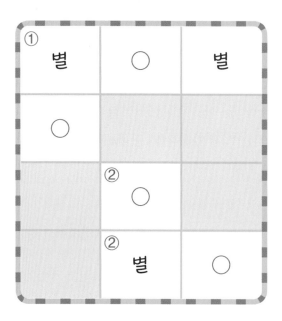

가로 →
① 유성을 일상적으로 이르는 말

例 오늘 밤에 하늘에서 별○별이 떨어진대.

② 드물고 이상한 일

例 네가 토요일 아침 8시에 일어나다니, 별○이 다 있네.

세로 ↓
① 사람의 특징을 바탕으로 남들이 지어 부르는 이름

例 내 친구 김강우의 별○은 김밥이야.

② 인사를 나누고 헤어짐

例 친구와 ○별 인사를 나누었어.

7

비행기가 궁금해요

탐지

탑승

관제

보관

수행하다

수속

정비

전망

머금다

조절

✏️ **새롭게 알게 된 단어에 표시해 보세요.**

관제

관리하여 통제함

공항은 관제 시스템을 갖추고 있어요.

탐지

드러나지 않은 사실이나 물건 등을 더듬어 찾아 알아냄

마약 탐지견은 후각을 이용해 마약을 찾아내요.

탑승

배나 비행기, 차 등에 올라탐

출발 30분 전에 비행기에 탑승했어요.

보관

물건을 맡아서 간직하고 관리함

짐은 짐칸에 보관해야 해요.

수속

일을 수행하기 전에 거쳐야 할 과정이나 단계

공항에서 입국 수속을 밟았어요.

정비

기계나 설비가 제대로 작동하도록 보살피고 손질함

비행기 정비를 마치면 이륙 준비가 완료돼요.

수행하다

생각하거나 계획한 대로 일을 해내다

비행기에는 서로 다른 역할을 수행하는 사람들이 있어요.

머금다

삼키지 않고 입 속에 넣고만 있다

긴장해서 먹던 과자를 입에 머금고 있었어요.

전망

멀리 내다보이는 경치

하늘에서 본 전망이 멋져요.

조절

균형이 맞게 바로잡음

비행기는 수평을 조절하며 비행해요.

✔️ **단어의 뜻을 보고, 문장에 알맞은 말을 써 보세요.**

뜻 / 문장

① 물건을 맡아서 간직하고 관리함 ➡ 작은 물건은 [ㅂ][ㄱ] 이 편리하다.

② 배나 비행기, 차 등에 올라 탐 ➡ 30분 내로 [ㅌ][ㅅ] 바랍니다.

③ 관리하여 통제함 ➡ 인천 공항은 최첨단 [ㄱ][ㅈ] 시스템을 갖추고 있다.

④ 기계나 설비가 제대로 작동하도록 보살피고 손질함 ➡ 자동차는 주기적으로 [ㅈ][ㅂ] 를 해야 한다.

1 빈칸에 공통으로 들어갈 한 글자를 써 보세요.

- 이 기계는 땅에 묻혀 있는 지뢰를 [　　] 지할 수 있어.

- 이번 여름에 동굴 [　　] 험을 떠나 보자.

- [　　] 정은 작은 단서들로 사건을 해결한다.

2 대화의 빈칸에 들어갈 알맞은 단어를 써 보세요.

철수 올 여름에 비가 많이 올 [ㅈ] [ㅁ] 이래.

영희 진짜? 작년에 비 피해를 입었던 게 생각나네.

철수 맞아. 이참에 배수로를 [ㅈ] [ㅂ] 하면 좋을 것 같아.

영희 좋은 생각이야.

3 다음 표에 있는 단어의 비슷한 말과 반대말을 [보기]에서 찾아 써 보세요.

보기	불이행, 물다, 내뿜다, 실행

	비슷한 말	반대말
수행		
머금다		

1 밑줄 친 부분과 바꾸어 쓸 수 있는 단어를 고르세요.

정희는 입원한 지 일주일째 되는 날 퇴원 **수속**을(를) 밟았다.

① 노선　　　② 절차　　　③ 부문　　　④ 변동　　　⑤ 변천

2 대화의 밑줄 친 단어의 뜻으로 알맞은 것을 괄호 안에서 골라 ○표 하세요.

현수　(바다를 바라보며) 여기서 보는 바다 **전망**이 끝내준다.

이현　맞아! 한 번 더 와 보고 싶은 곳이야.

➡　(멀리 / 가까이) (내다보이는 / 들여다보이는) 경치

3 다음 중 [보기]의 단어를 사용해 만들 수 <u>없는</u> 문장을 고르세요.

보기	정비, 조절

① 홍수 피해를 막기 위한 하천 _____ 사업이 시작되었다.

② 시험 전날에는 컨디션 _____ 이 필수다.

③ 살을 빼려면 식사량 _____ 이 필요하다.

④ 물가에 따라 버스 요금이 _____ 될 예정이다.

[1~3] 다음 글을 읽고, 질문에 답하세요.

공항에서는 마약 탐지견이 돌아다니며 불법 약물을 찾아낸다. 비행기 이륙 전 정비사들은 안전 정비를 실시하고, 조종사는 관제 시스템과 의사소통을 하며 수평을 조절해 비행기를 운항한다. 기내에는 조종사, 승무원 등 서로 다른 역할을 수행하는 사람들이 있다. 사람들은 공항에서 입국 수속을 밟고, 출발 30분 전부터 비행기에 탑승이 가능하다. 기내에서는 승무원이 위급상황 대처법을 안내하며 승객들은 ☐☐에 착용한 안전벨트를 확인한다. 짐은 머리 위쪽 보관함에 넣을 수 있다. 간혹 긴장해서 먹던 과자를 입에 머금는 사람도 있지만 멋진 전망에 두려움은 금세 사라진다.

1 윗글을 읽고 알게 된 내용으로 올바르지 <u>않은</u> 것을 고르세요.

① 비행기는 출발 전 안전 점검을 한다.　　② 비행기에서 멋진 경치를 볼 수 있다.

③ 공항 내에는 마약 탐지견이 돌아다닌다.　　④ 비행기에 타려면 정해진 절차를 밟아야 한다.

⑤ 승객은 공항에서 위급상황 대처법을 교육 받는다.

2 윗글을 읽고, 아래 상황에 적절한 표현으로 알맞은 것을 골라 V표 하세요.

비행기에 처음 탑승한 기선이는 어찌할 바를 몰라 어리둥절했다. 그래서 친절하게 웃는 승무원을 보고 도움을 요청했다.

① 기선이가 승무원에게 손을 내밀었구나. ☐　　② 기선이가 참 손이 크구나. ☐

③ 승무원이 잠시 손을 놓았구나. ☐

3 윗글의 빈칸과 다음 문장에 공통으로 들어갈 단어에 V표 하세요.

- 이번 달 용돈을 다 썼네. ＿＿＿＿＿ 띠를 졸라매야겠어.
- 한 번에 세 가지 일을 하려니 ＿＿＿＿＿(이)가 휘겠어.
- 백화점에 들어서자 직원이 ＿＿＿＿＿(을)를 굽히며 인사했다.

☐ 허리　　　☐ 이마　　　☐ 팔목　　　☐ 머리

오늘의 사자성어

두 문 불 출

杜 門 不 出

닫을 두 　 문 문 　 아니 불 　 날 출

두문불출은 조선시대에 생긴 사자성어예요. 이성계는 1392년 조선을 건국했어요. 하지만 고려시대 충신들은 이성계를 따르지 않겠다고 반대했죠. 이들은 숨어 살며 마을에 빗장을 걸어 놓고 밖에 나가지 않았어요. 태조 이성계는 이들을 나오게 하려고 마을을 둘러싸고 나오지 않으면 불을 지르겠다고 했죠. 하지만 아무도 밖으로 나오지 않고 모두 불 속에서 생을 마감했다고 해요. 이때 충신들이 지냈던 경기도 광덕산 서쪽의 골짜기를 '두문동'이라고 불렀습니다.

두문불출은 이처럼 '문을 막고 밖에 나가지 않는다'는 뜻이에요. 집에만 있고 외출을 잘 하지 않는 친구들에게 사용할 수 있는 표현이죠. 더운 여름과 추운 겨울에 집에서 시원하고 따뜻하게 있는 것도 좋지만 밖에서 태양과 마주하고 맛있는 음식을 먹고 신나는 체험을 해 보는 건 어때요? 부모님과 함께 여행 계획도 세워 보세요.

8

모둠 활동 프로젝트!

조율

시샘

갈피

솟구치다

엮다

맴돌다

흩어지다

쭈그리다

뻔뻔하다

답답하다

✏️ 새롭게 알게 된 단어에 표시해 보세요.

갈피

일이나 사물의 갈래가
구별되는 경계

무슨 생각인지 갈피를
못 잡겠어요.

조율

문제를 어떤 대상에 알맞거나
마땅하도록 조절함

서로의 이야기를 들으며
조율해야 해요.

시샘

자기보다 잘되거나 나은 사람을
공연히 미워하고 싫어함

남을 시샘하는 버릇은
좋지 않아요.

엮다

여러 가지 소재를 일정한 순서와
체계에 맞추어 짜다

우리 생각을 잘 엮어서
표현해 보아요.

맴돌다

일정 범위나 장소에서 되풀이하여
움직이다

하고 싶은 말이
입에서 맴돌아요.

쪼그리다

팔다리를 굽혀 몸을 작게 움츠리다

쪼그려 앉지 말고
의자에 앉아 볼까요?

솟구치다

감정이나 힘 따위가
급격히 솟아오르다

멋진 작품을 생각하니
몸에 힘이 솟구쳐요.

뻔뻔하다

부끄러운 짓을 하고도
염치없이 태연하다

자기 역할을 다하지 않고
뻔뻔하게 변명을
했어요.

답답하다

애가 타고 갑갑하다

종료 시간이 얼마 남지
않아 마음이 답답해요.

흩어지다

한데 모였던 것이
따로따로 떨어지다

모여 있던 친구들이
자리로 흩어졌어요.

✅ 단어와 뜻이 올바르게 이어질 수 있도록 중간에 선을 그어 사다리를 만들어 보세요.

쪼그리다	흩어지다	뻔뻔하다	솟구치다
팔다리를 굽혀 몸을 작게 움츠리다	감정이나 힘 따위가 급격히 솟아오르다	한데 모였던 것이 따로따로 떨어지다	부끄러운 짓을 하고도 염치없이 태연하다

1 다음 상황에 관련된 단어를 [보기]에서 골라 써 보세요.

보기　　　　　　　　　　시샘, 갈피, 맴돌다

① 이 문제를 어떻게 접근해야 할지 모르겠어.　　　　　　　　　□

② 무엇이든 잘하는 친구를 보니 괜히 괘씸한 마음이 드네요.　□

③ 현성이가 내 주위를 계속 빙빙 돌고 있다.　　　　　　　　　□

2 빈칸에 공통으로 들어갈 한 글자를 써 보세요.

• 찬성 측과 반대 측 의견을 □ 율해 보세요.

• 김 과장은 회사 구조 □ 정으로 다른 부서로 발령받았다.

• 약사는 처방전에 따라 약을 □ 제한다.

3 밑줄 친 단어의 뜻을 [보기]에서 골라 기호를 써 보세요.

보기
　㉠ 여러 개의 물건을 끈이나 줄로 어긋매어 묶다
　㉡ 글이나 이야기 구성을 위해 여러 가지 소재를 일정한 순서와 체계에 맞추어 짜다
　㉢ 둘 이상의 다른 사람을 연결하여 인연이나 관계를 맺게 하다

① 넌 이야기를 재미있게 **엮어내는** 재주가 있어.　　　　　　□

② 가마니는 짚을 **엮어서** 만든다.　　　　　　　　　　　　　□

③ 소진이는 철호와 선미를 **엮어** 주려고 노력했지만 실패했다.　□

1 밑줄 친 부분과 바꾸어 쓸 수 <u>없는</u> 단어를 골라 ○표 하세요.

동생들은 언니나 오빠에게 **시샘**을 종종 느낀다.

➡ 시기 / 질투 / 투지 / 샘

2 대화의 빈칸에 공통으로 들어갈 단어를 찾아 ∨표 하세요.

이환 피아노는 정기적으로 _____ 해야 아름다운 소리를 낼 수 있어.

상현 그러면 오늘 바로 하는 건 어때?

미영 피아노를 언제 _____ 할지는 함께 이야기해 보며 날짜를 _____ 해 보자.

☐ 조작   ☐ 조달   ☐ 조율   ☐ 조화

3 빈칸에 들어갈 단어가 바르게 짝지어진 것을 고르세요.

• 네 생각이 어떤지 ___⑦___ 를 못 잡겠어.

• 돌고래가 물 위로 ___ⓛ___.

• 좁은 공간에 사람이 많으니 너무 ___ⓒ___.

	⑦		ⓛ		ⓒ
①	갈피	……………	가라앉다	……………	답답하다
②	갈피	……………	솟구친다	……………	쾌적하다
③	갈피	……………	솟구친다	……………	답답하다
④	갈대	……………	솟구친다	……………	쾌적하다
⑤	갈대	……………	가라앉다	……………	답답하다

[1~2] 다음 글을 읽고, 질문에 답하세요.

> 모둠 활동은 주제에 대한 친구들의 생각을 잘 엮어서 결과물을 만들어 내는 것이다. 손이 많으면 일도 쉽다는 속담처럼 함께하면 더 멋진 결과물을 만들어 낼 수 있다. 하지만 서로의 의견을 조율하며 가끔 답답할 때도 있다. 쭈그리고 앉아 아무것도 하지 않는 친구나 뻔뻔한 모습으로 화를 솟구치게 하는 친구도 있다. 이때, 화가 많이 나더라도 입에 맴도는 격한 말을 내뱉지 않고 친구와 함께해야 한다. 이야기를 들어도 갈피를 잡을 수 없을 때가 있고, 열심히 하는 친구를 시샘하는 친구들도 있다. 하지만 열심히 하는 친구들은 항상 보상을 받는다. 이런 모둠 활동이 끝나면 각자 흩어져 자기 자리로 돌아간다.

1 아래의 뜻이 설명하는 단어를 윗글에서 찾아 써 보세요.

- '일이나 사물의 갈래가 구별되는 경계'예요.
- 비슷한 단어로 '두서'가 있어요.
- 책의 낱장 사이에 끼우는 책_____가 있어요.

□ □

2 윗글의 밑줄 친 부분과 뜻이 <u>다른</u> 속담을 고르세요.

① 백지장도 맞들면 낫다 ② 종이도 네 귀를 들어야 바르다

③ 사공이 많으면 배가 산으로 올라간다

3 다음 내용과 관련 <u>없는</u> 속담을 고르세요.

> 모둠 활동을 할 때는 서로 바른 말 고운 말을 사용하고, 열심히 참여하지 않는 친구라도 험담을 하지 않아야 합니다. 항상 말을 조심해야 서로 좋은 관계를 유지할 수 있기 때문입니다.

① 쌀은 쏟고 주워도 말은 하고 못 줍는다 ② 발 없는 말이 천 리 간다

③ 낮말은 새가 듣고 밤말은 쥐가 듣는다 ④ 가는 말에 채찍질한다

⑤ 가는 말이 고와야 오는 말이 곱다

공부 잘하는 아이들의 특징 10가지

공부 잘하는 초등학교 3학년 아이들은 10가지 특징이 있어요. 우리 친구들은 몇 가지에 해당되는지 살펴볼까요?

공부 잘하는 아이들의 특징	(O / X)
1. 공부할 때 책상이 깨끗이 정리정돈되어 있다.	
2. 학교에서 배운 내용을 혼자 공책에 정리할 수 있다.	
3. 도서관에 가는 것을 좋아한다.	
4. 시킨 것보다 공부(독서)를 더 많이 한다.	
5. 문제를 다 풀면 바로 채점하고 싶어 한다.	
6. 교과서에 깨끗한 글씨로 글을 쓴다.	
7. 스마트폰을 정해진 시간만큼만 사용한다.	
8. 알림장을 스스로 확인한다.	
9. 글을 쓸 때 10줄 정도는 쉽게 쓸 수 있다.	
10. 친구들이 모르는 문제를 질문한다.	

10개 모두 해당되지 않는다고 속상해하지 마세요. 10가지에 모두 ○ 표시할 수 있도록 노력하는 모습이 더욱 중요합니다.

우리 반 연극 발표회

극본

반응

과장

빽빽하다

스며들다

입장

실감나다

관람

딸다

나타나다

✏️ 새롭게 알게 된 단어에 표시해 보세요.

반응

자극에 대응하여
어떤 현상이 일어남

관객들은 뜨거운
반응을 보였어요.

입장

어떤 장소로 들어가는 것

공연 10분 전부터
입장이 가능해요.

관람

연극, 영화, 운동 경기 등을
구경함

영화 관람 시 예절을
지킵시다.

땋다

머리털, 실 등을 여러 가닥으로 갈라
엮어 한 가닥으로 하다

머리를 땋은 여주인공이
등장했어요.

극본

연극이나 영화를 만들기 위하여 쓴 글

배우들은 극본을 보며
연습해요.

빽빽하다

사이가 촘촘하다

극장은 관객들로
발 디딜 틈 없이
빽빽했어요.

실감나다

실제로 체험하는 듯한 느낌이 들다

배우의 실감나는 연기에
푹 빠져들었어요.

나타나다

보이지 않던 어떤 대상의 모습이
드러나다

숨어 있던 등장인물이
갑자기 나타났어요.

과장

사실보다 지나치게 불려서 나타냄

배우의 과장된 연기에
웃음이 빵 터졌어요.

스며들다

마음 깊이 느껴지다

연극의 여운이 내 마음에
스며들었어요.

✅ 그림을 보고 [보기]에서 알맞은 단어를 골라 빈칸에 써 보세요.

보기	입장, 관람, 극본, 빽빽한

①

②

③

④

--------------------------- --------------------------- --------------------------- ---------------------------

1 밑줄 친 말과 바꾸어 쓸 수 있는 단어를 골라 ○표 하세요.

> 배우들이 **극본**을 보며 실제 공연처럼
>
> 연습을 한다.
>
> ....
>
> 그의 따뜻한 마음이 내게 **스며들었다.**

각본

사본

근본

추궁하였다

파고들었다

포함되었다

2 빈칸에 알맞지 **않은** 단어를 골라 V표 하세요.

① 화단에 식물이 _____ 심어져 공간이 없구나.

☐ 빽빽하게　　☐ 상세하게　　☐ 촘촘하게　　☐ 조밀하게

② 풀숲에 숨어 있던 호랑이가 _____ 모두 깜짝 놀랐다.

☐ 등장하자　　☐ 출현하자　　☐ 나타나자　　☐ 내리쬐자

3 빈칸에 알맞은 단어를 넣어 문장을 완성해 보세요.

① 오늘은 재미있는 영화를 ☐ㄱ☐ ☐ㄹ☐ 하러 가는 날이다.

② 삐삐 분장을 위해 머리를 양 갈래로 ☐ㄸ☐ ☐ㄷ☐ .

1 다음 중 빈칸에 '반응'을 쓸 수 <u>없는</u> 문장을 고르세요.

① A 물질과 B 물질을 섞으면 재미있는 _____이 발생한다.

② 새로 출판된 책이 좋은 _____을 얻고 있다.

③ 그는 꽃가루에 알레르기 _____이 있다.

④ 호수에 _____된 달의 모습이 아름답다.

2 밑줄 친 단어의 뜻을 [보기]에서 찾아 기호를 써 보세요.

> | 보기 |
> | ㉠ 바로 눈앞에 마주하고 있는 상황 |
> | ㉡ 어떤 장소로 들어가는 것 |

① 네 **입장**만 고집하는 건 바람직하지 않아. ☐

② 신부가 **입장**할 때 부모님은 기쁨의 눈물을 흘렸다. ☐

3 밑줄 친 단어의 뜻에 맞는 말을 괄호 안에서 골라 ○표 하세요.

① 사실을 부풀린 **과장** 광고는 부적절하다.

➡ 사실보다 (지나치게 불려서 / 적당히 축소해서) 나타냄

② VR을 통해 **실감나는** 가상 여행을 떠날 수 있다.

➡ (거짓으로 맛보는 듯한 / 실제로 체험하는 듯한) 느낌이 들다

1 다음 글을 읽고, 아래의 뜻이 설명하는 단어를 찾아 써 보세요.

> 한 편의 연극을 위해 배우는 밤낮으로 극본을 보며 연습한다. 관객들은 공연 관람을 위해 10분 전부터 입장을 한다. 극장은 관객들로 발 디딜 틈 없이 **빽빽하다**. 연극배우들은 무대에 나타나 과장된 연기로 관객들의 주의를 집중시키고, 실감나는 연기로 그들의 감정이 관객에게 까지 스며든다. 이번 연극은 머리를 양 갈래로 땋은 여주인공과 친구들의 이야기였다. 연극이 끝나자 관객들은 뜨거운 반응을 보이며 일어나 박수를 쳤다.

사이가 촘촘하다 ☐ ☐ ☐ ☐

2 다음 극본의 빈칸에 공통으로 들어갈 한 글자를 써 보세요.

친구1 지수랑 싸웠니? 요새 ☐ 지고 사는 것 같아서.

여주인공 나는 주인공 역할하기 싫었는데 계속 ☐ 을 떠밀어서 싸웠거든.

친구1 서로 오해가 풀렸으면 좋겠다. 그런데 지금 연극 시작이 하루밖에 안 남았어.
지금 발 ☐ 에 불이 떨어진 연극 연습은 멋지게 마무리해야겠지?

3 대화의 빈칸에 들어갈 알맞은 속담을 고르세요.

한솔 처음 연극 무대에 오르는 거라서 너무 떨려.
해담 너무 걱정하지 마. 열심히 준비했으니 잘할 수 있을 거야.
한솔 그럴까? 난 지금 _____.
해담 곧 아무렇지 않게 될 거야! 잘해 보자고!

① 간이 콩알만 해졌어.　　　　② 간에 기별도 안 가.
③ 간에 가 붙고 쓸개에 가 붙었어.　　④ 벼룩의 간을 빼 먹은 것 같아.
⑤ 바늘 가는 데 실 갔어.

가로세로 낱말 퀴즈 '공'이 들어가는 낱말

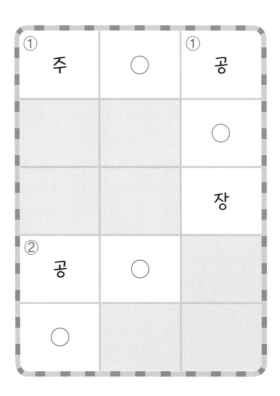

가로 → ① 연극, 영화, 소설 등에서 사건의 중심이 되는 인물

　　　예 우리 반 연극의 주○공은 철수가 맡기로 했다.

　　② 학문이나 기술을 배우고 익힘

　　　예 열심히 공○하면 좋은 성적을 받을 수 있다.

세로 ↓ ① 공연을 하는 장소

　　　예 관객들이 공○장을 가득 메웠다.

　　② 나아가 적을 침

　　　예 모두 잠든 밤에 적군을 기습 공○했다.

어린이 경제 박사 프로젝트

끈끈하다

줄짓다

수출

관세

분해

꼬이다

이르다

점검

적성

당기다

✏️ **새롭게 알게 된 단어에 표시해 보세요.**

수출

국내의 상품이나 기술을
외국으로 팔아 내보냄

우리나라는 외국으로
반도체를 수출해요.

끈끈하다

관계가 매우 친밀하다

무역을 위해서는 국가 간
끈끈한 관계가
필수예요.

관세

수출·수입되거나 통과되는
화물에 붙는 세금

수입 물품에는 관세가
붙어요.

줄짓다

어떤 일이나 사물이 끊이지 않고
잇따라 계속되다

컨테이너가 줄지어
이동하고 있어요.

꼬이다

하는 일이 순순히 되지 않고
얽히거나 뒤틀리다

비밀이 새는 바람에 일이
복잡하게 꼬였어요.

이르다

어떤 장소나 시간에 닿다

수입품을 실은 배가
부산항에 이르렀어요.

점검

낱낱이 검사함

물건을 임의대로 뽑아
점검을 했어요.

적성

어떤 일에 알맞은 성질이나
적응 능력

이 일은 내 적성에
맞는 것 같아요.

분해

결합된 것을 낱낱으로 나눔

고장 난 기계는 분해해서
필요한 부품을
찾아내요.

당기다

물건 따위를 힘을 주어 자기 쪽이나
일정한 방향으로 가까이 오게 하다

의자를 바싹 당겨
앉아 주세요.

✅ **빈칸에 들어갈 단어로 알맞은 것을 이어 보세요.**

① 인원 ☐ ☐ 이 끝나면 바로 출발합니다. •   • 점검

② 자동차 ☐ ☐ 량이 점차 증가하고 있다. •   • 적성

③ 텐트를 ☐ ☐ 해 보관 주머니에 넣었다. •   • 분해

④ ☐ ☐ 에 맞춰 진로를 결정해야 한다. •   • 수출

1 뜻에 알맞은 단어를 찾아 선으로 연결하고 빈칸에 써 보세요.

줄	당	손	끈	줄
기	짓	엽	끈	짓
던	가	당	기	다
끈	끈	하	다	당
깡	꾼	해	도	바

① ⬜⬜⬜ : 어떤 일이나 사물이 끊이지 않고 잇따라 계속되다

② ⬜⬜⬜ : 물건 따위를 힘을 주어 자기 쪽이나 일정한 방향으로 가까이 오게 하다

③ ⬜⬜⬜⬜ : 관계가 매우 친밀하다

2 다음 문장이 완성되도록 괄호 안에서 알맞은 단어를 골라 보세요.

① 이 장난감을 (분해 / 분명)할 수 있겠어?

② 수입차에 대한 (관세 / 난관)이(가) 높아졌다.

③ 우리나라의 스마트폰 해외 (수출 / 배출)이 점점 늘어나고 있다.

3 밑줄 친 부분과 바꾸어 쓸 수 <u>없는</u> 단어를 골라 ○표 하세요.

길을 헤매던 중 겨우 목적지에 **이르다.**

➡ 다다르다 / 당도하다 / 도착하다 / 자라다

1 주어진 단어의 뜻을 참고해 문장의 빈칸에 알맞은 말을 써 보세요.

> • 적성: 어떤 일에 알맞은 성질이나 적응 능력
> • 적용: 알맞게 이용하거나 맞추어 씀
> • 적중: 예상이나 추측 또는 목표 등에 꼭 들어맞음

① 비가 온다는 내 예상이 _____했다.

② 코딩 프로그램 개발이 내 _____에 맞는 것 같아.

③ 법은 모든 사람에게 똑같이 _____된다.

2 밑줄 친 단어의 뜻을 [보기]에서 찾아 기호를 써 보세요.

> [보기]
> ㉠ 하는 일이 순순히 되지 않고 얽히거나 뒤틀리다
> ㉡ 벌레 따위가 한 곳에 많이 모여들어 뒤끓다
> ㉢ 그럴듯한 말이나 행동으로 남을 속이거나 부추겨서 자기 생각대로 끌다

① 먹고 남은 과일에 날파리가 **꼬이다**. ☐

② 하는 일마다 **꼬여서** 되는 일이 없는 것 같아. ☐

③ 자라는 용왕에게 데려가기 위해 토끼를 **꼬였다**. ☐

3 밑줄 친 부분과 바꾸어 쓸 수 있는 말을 [보기]에서 찾아 문장을 다시 써 보세요.

> [보기]   검사, 연구, 질문, 탐험

사고 예방을 위해 미리 안전 **점검**을 실시해야 한다.

➡

[1~2] 다음 글을 읽고, 질문에 답하세요.

적성 검사 결과가 비슷한 친구들끼리 모였네요. 다들 의자를 바짝 <u>당겨</u> 앉아서 <u>열심히 수업에 참여해 주세요.</u> 오늘은 우리나라의 경제에 대해 배우겠습니다. 대한민국은 수출로 많은 돈을 법니다. 항구에 이르러 살펴보면 끝도 없이 줄지어 있는 컨테이너를 볼 수 있죠. 수출품은 미리 점검을 통해 안전 진단을 받고 불량품은 분해되거나 파기됩니다. 무역을 할 때 국가 간의 끈끈한 관계가 중요한데, 간혹 의견이 꼬여 문제가 생기기도 합니다. 국가 간의 관세가 면제되는 FTA에 대해 더 알고 싶다면 사회책 89쪽을 읽어 보세요.

1 윗글을 읽고 알게 된 내용으로 알맞지 <u>않은</u> 것을 골라 보세요.

① 우리나라는 물건을 외국에 팔아 돈을 번다.　② 품질에 문제가 있다면 수출이 되지 않는다.

③ 항구에는 컨테이너가 무수히 많다.　④ 무역은 나라 간의 관계와는 관련이 없다.

⑤ 수출품은 사전 검사를 실시한다.

2 윗글의 밑줄 친 부분과 바꾸어 쓸 수 있는 표현을 고르세요.

① 팔을 걷어붙여 주세요

② 팔이 안으로 굽었네요

③ 질색팔색을 해 주세요

3 서로 비슷한 뜻을 지닌 단어끼리 묶인 것을 고르세요.

㉠ 수출 – 수입　　　　㉡ 이르다 – 떠나다
㉢ 분해 – 해체　　　　㉣ 꼬이다 – 뒤틀리다

① ㉠, ㉡　　　　　② ㉢, ㉣　　　　　③ ㉡, ㉣

④ ㉡, ㉢　　　　　⑤ ㉠, ㉣

우 공 이 산

愚 公 移 山

어리석을 우   공변될 공   옮길 이   뫼 산

우공이산은 '어리석은 사람이 산을 옮긴다'는 뜻이에요. 사람이 산을 옮긴다니 가능한 일일까요? 요즘에는 이 사자성어가 한 가지 일에 끝까지 최선을 다하면 목적을 달성할 수 있다는 뜻으로 쓰입니다.

먼 옛날 우공이라는 아흔 살 된 노인이 살고 있었어요. 노인의 집은 큰 산으로 막혀 이동하기가 불편했죠. 노인은 가족을 불러 모아 놓고 "오늘부터 북산을 깎자."라고 말했어요. 그리고 다음 날부터 가족 모두 산의 흙을 퍼다 나르기 시작했죠. 사람들은 불가능한 일을 한다며 비웃었어요. 우공은 자신은 살날이 얼마 남지 않았지만 자손 대대로 일을 계속하면 산을 평평하게 만들 수 있다고 생각했어요. 산을 지키는 신은 우공이 자신의 집을 없애려고 한다며 하늘의 왕에게 이야기했어요. 하지만 이야기를 들은 하늘의 왕은 우공의 끈기와 노력에 감동해 산을 다른 곳으로 옮겨 놓았답니다.

여러분은 혹시 공부를 조금하고 100점 맞기를 바란 적은 없나요? 성적은 한 번에 오르지 않을 수도 있어요. 공부를 매일매일 꾸준히 할 때 결국 성적은 오르게 될 거예요. 우공이산의 마음가짐으로 노력해 봅시다.

11

할머니 댁 감 농사

골칫거리

쓸다

제철

동원하다

떫다

잔뜩

착각

으뜸

경쾌

짓무르다

✏️ 새롭게 알게 된 단어에 표시해 보세요.

제철
알맞은 시절
과일은 제철에 먹는 게 맛있어요.

짓무르다
채소나 과일 등이 썩거나 물러 원래 모양이 헤지다
과일은 오래되면 짓무르게 돼요.

으뜸
많은 것 가운데 가장 뛰어난 것
내가 먹은 감 중 할머니네 감이 으뜸이에요.

떫다
설익은 감의 맛처럼 거세고 텁텁한 맛이 있다
감에서 약간 떫은맛이 나요.

골칫거리
성가시거나 처리하기 어려운 일
농사지을 때 해충들이 골칫거리예요.

쓸다
비로 쓰레기 등을 한데 모아서 버리다
할머니네 앞마당을 깨끗하게 쓸었어요.

동원하다
목적 달성을 위해 사람을 모으거나 수단, 방법을 집중하다
감 수확을 위해 동네 사람들이 동원되었어요.

경쾌
움직임이나 모습, 기분 등이 가볍고 상쾌함
노래를 부르며 경쾌하게 감을 수확했어요.

잔뜩
한도에 이를 때까지 가득
수레에 감을 잔뜩 실었어요.

착각
어떤 사물이나 사실을 실제와 다르게 생각함
모든 일이 끝났다고 착각했어요.

✔️ 단어의 뜻을 보고, 문장에 알맞은 말을 써 보세요.

뜻	문장
① 한도에 이를 때까지 가득	➡ 설날에 음식을 [ㅈ][ㄸ] 먹었다.
② 많은 것 가운데 가장 뛰어난 것	➡ 민지의 춤 실력은 학교에서 [ㅇ][ㄸ] 이다.
③ 알맞은 시절	➡ 수박은 여름이 [ㅈ][ㅊ] 이다.
④ 성가시거나 처리하기 어려운 일	➡ 여름에는 모기가 [ㄱ][ㅊ][ㄱ][ㄹ] 다.

1 빈칸에 공통으로 들어갈 한 글자를 써 보세요.

- 철수가 나를 좋아한다고 ☐ 각했어.

- 친구가 혼나는 모습을 보니 마음이 ☐ 잡하다.

- 이 그림은 두 개가 하나처럼 보이는 ☐ 시 효과가 있다.

2 대화의 빈칸에 들어갈 알맞은 단어를 써 보세요.

해솔 감나무의 감이 모두 다 익었어.

은미 친구들을 모두 ☐ㄷ ☐ㅇ 해서 감을 따자.

해솔 좋아. 어, 자세히 보니 벌써 ☐ㅈ ☐ㅁ ☐ㄹ 감들도 많네.

은미 그러게. 빨리 시작하자.

3 다음 표에 있는 단어의 비슷한 말과 반대말을 [보기]에서 찾아 써 보세요.

보기	꼴찌, 가뿐함, 최고, 무거움

	비슷한 말	반대말
으뜸		
경쾌		

1 밑줄 친 부분과 바꾸어 쓸 수 있는 단어를 고르세요.

스마트폰 중독은 우리 사회의 큰 **골칫거리**다.

① 두통거리   ② 소일거리

③ 뒤치다꺼리   ④ 먹을거리

⑤ 사정거리

2 대화의 밑줄 친 단어의 뜻으로 알맞은 것을 괄호에서 골라 ○표 하세요.

> 현수 올해 수확한 감은 유난히 **떫어**.
>
> 이현 그래도 난 **떫은**맛이 좋아.
>
> ➡ (다 익은 / 설익은) 감의 맛처럼 (거세고 / 부드럽고) 텁텁한 맛이 있다

3 다음 중 '쓸다'를 활용해 만들 수 <u>없는</u> 문장을 고르세요.

① 빗자루로 책상 주변을 [　　　　].

② 하얗고 긴 수염을 [　　　　].

③ 전염병이 [　　　　] 간 자리에는 어둠이 가득하다.

④ 좋은 약은 입에 [　　　　].

[1~2] 다음 글을 읽고, 질문에 답하세요.

> 방학 중 할머니 댁에 놀러 갔다. 길을 착각해 시간이 조금 오래 걸렸다. 도착하니 할머니는 마을 사람들을 동원해 경쾌한 음악을 들으며 감을 따고 계셨다. 나는 수레에 감을 잔뜩 싣고 바닥을 쓰는 일을 했다. 짓무른 감은 팔기 어려워 바로 먹거나 버려졌다. 이장님께서 ㄱㄱㅅ도ㅅㅎㄱ이라며 음식을 잔뜩 들고 오셨다. 감 수확이 끝나고 할머니가 으뜸가는 감을 골라 주셔서 먹었더니 무척이나 맛있었다. 지금이 제철이라 더 맛있다고 하셨다. 원래도 나는 감의 떫은맛을 좋아하지만 잘 익은 감의 단맛은 더할나위 없이 좋았다. 할머니는 올해 감 농사는 해충이 무척이나 골칫거리였지만 무사히 한 해 농사가 끝났다며 기뻐하셨다.

1 윗글을 읽고 알게 된 내용으로 올바르지 <u>않은</u> 것을 고르세요.

① 감은 떫은맛이 난다. ② 제철에 먹는 감은 더 맛있다.
③ 글쓴이의 할머니 댁은 감 농사를 짓는다. ④ 짓무른 감은 비싼 값에 팔린다.
⑤ 감 농사를 지을 때는 해충을 주의해야 한다.

2 윗글의 빈칸에 알맞은 속담을 쓰세요.

ㄱ	ㄱ	ㅅ	도	ㅅ	ㅎ	ㄱ

3 대화의 빈칸에 공통으로 들어갈 한 글자를 써 보세요.

할머니 감이 그렇게 맛있어? [ ] 눈 감추듯이 먹는구나.

언니 야! 이거 내 거야. 건들지 마!

동생 무슨 소리야, 할머니가 나 먹으라고 하신 거야!

엄마 얘들아, 지는 [ ] 이기는 거야. 그만 싸워.

사촌 오빠 그래, 언니가 양보해. 이리 가지고 와. 얼른!

동생 우리 언니한테 왜 소리 질러! 당장 사과해!

사촌 오빠 (당황하며) 가재는 [ ] 편이라더니 내가 미안해. 사과할게.

혹시 나도? 스마트폰 중독 테스트

스마트폰은 잘만 사용하면 참 좋지만, 중독성이 강해 우리 친구들에게 안 좋은 영향을 끼칠 수도 있습니다. 혹시, 우리 친구들이 스마트폰 중독은 아닌지 테스트해 보세요.

질문	(O / X)
스마트폰이 근처에 없으면 불안하다.	
화장실 갈 때 스마트폰을 가지고 들어간다.	
아무 목적 없이 스마트폰을 만지작거릴 때가 많다.	
눈을 감고도 스마트폰으로 메시지를 쓸 수 있다.	
공부할 때 책상에 스마트폰이 있다.	

동그라미 개수에 따른 결과를 살펴보죠.

- **5개**: 스마트폰 중독이 의심됩니다. 스마트폰 외에 다른 취미를 가져 보세요. 운동, 독서, 음악, 미술 등 다양한 활동을 스마트폰과 접목해서 해 보는 것도 좋아요.
- **4개**: 스마트폰 중독이 될 수도 있는 단계입니다. 스마트폰과 멀어지는 연습을 해 보세요.
- **2~3개**: 스마트폰보다는 가족과의 대화, 친구와의 놀이 등 유익한 시간을 늘려 보세요.
- **0~1개**: 올바르게 스마트폰을 사용하고 있다고 생각하면 됩니다.

오싹한 공포 체험

비치다

다물다

내팽개치다

오싹

휘둥그레지다

딴판

온데간데없다

영롱하다

눈총

괴상

✏️ 새롭게 알게 된 단어에 표시해 보세요.

비치다

물체의 그림자나 영상이 나타나 보이다

달빛에 비친 친구의 그림자를 보았어요.

오싹

무섭거나 추워서 몸이 움츠러들거나 소름이 끼치는 모양

어둠 속 바스락거리는 소리에 오싹해졌어요.

다물다

위아래 입술을 마주 붙여서 닫다

소리 내지 말고 입을 꼭 다물어야 해요.

온데간데없다

감쪽같이 자취를 감추어 찾을 수가 없다

친구가 온데간데없이 사라졌어요.

내팽개치다

냅다 던져 버리다

그는 깜짝 놀라 손전등을 내팽개쳤어요.

영롱하다

구슬 등이 울리는 소리가 맑고 아름답다

어둠 속에서 영롱한 목소리가 들렸어요.

휘둥그레지다

놀라거나 두려워서 눈이 크고 둥그렇게 되다

깜짝 놀라 눈이 휘둥그레졌어요.

괴상

보통과 달리 괴이하고 이상함

괴상한 소리가 들린다는 소문을 들었어요.

딴판

전혀 다른 모습이나 태도

친구는 공포 체험을 시작하기 전과 딴판이었어요.

눈총

눈에 독기를 띠며 쏘아보는 시선

비명을 지른 친구는 눈총을 받았어요.

✅ 단어와 뜻이 올바르게 연결되도록 중간에 선을 그어 사다리를 만들어 보세요.

괴상	딴판	오싹	눈총
보통과 달리 괴이하고 이상함	눈에 독기를 띠며 쏘아보는 시선	무섭거나 추워서 몸이 움츠러들거나 소름이 끼치는 모양	전혀 다른 모습이나 태도

1 다음 상황에 관련된 단어를 [보기]에서 골라 써 보세요.

> 보기   다물다, 온데간데없다, 휘둥그레지다

① 옆에 있던 가방이 갑자기 사라졌다. ☐

② 어두운 밤중에 '쿵' 하는 소리에 깜짝 놀랐다. ☐

③ 그는 입을 열지 않고 한마디도 하지 않았다. ☐

2 빈칸에 공통으로 들어갈 한 글자를 써 보세요.

- 성호는 험상궂은 외모와 ☐ 판으로 마음씨가 곱다.

- 부모님과 대화할 때는 ☐ 청 부리지 않고 잘 듣는다.

- 처음에는 알겠다고 하더니 왜 갑자기 ☐ 소리를 하는 거야?

3 밑줄 친 단어의 뜻을 [보기]에서 찾아 기호를 써 보세요.

> 보기
> ㉠ 물체의 그림자나 영상이 나타나 보이다
> ㉡ 무엇으로 보이거나 인식되다
> ㉢ 얼굴이나 눈치를 잠시 또는 약간 나타내다

① 누군가의 그림자가 창문에 **비쳤다**. ☐

② 친구들 눈에 나쁜 아이로 **비칠까** 봐 조심히 행동했다. ☐

③ 요즘 많이 바빠? 가끔씩 운동하러 나와서 얼굴이라도 **비치는** 게 어때? ☐

1 밑줄 친 부분과 바꾸어 쓸 수 없는 단어를 골라 ○표 하세요.

> 흉가에 귀신이 나온다는 **괴상한** 소문이 돌았다.
> ➡ 괴이한 / 괴기한 / 해괴한 / 대범한

2 대화의 빈칸에 공통으로 들어갈 단어를 찾아 V표 하세요.

> 솔미 기분 나쁘다고 연필을 .... 어떻게 해?
>
> 혁수 TV 보느라 모둠 숙제를 .... 나 혼자 다 해야 하는 거 아니야?
>
> 솔미 미안. 다시 열심히 참여할게.

☐ 내팽개치면   ☐ 방관하면   ☐ 방치하면   ☐ 간섭하면

3 빈칸에 들어갈 단어가 바르게 짝지어진 것을 고르세요.

> • 저 멀리서 ___㉠___ 목소리가 들려왔다.
>
> • 어둠 속에서 들리는 소리에 등골이 ___㉡___ 했다.
>
> • 눈치 없는 행동을 하면 주변의 ___㉢___ 을(를) 받는다.

	㉠	㉡	㉢
①	영특한	으쓱	눈총
②	영롱한	오싹	눈총
③	영특한	오싹	눈총
④	영롱한	오싹	눈매
⑤	영특한	으쓱	눈매

[1~2] 다음 글을 읽고, 질문에 답하세요.

> 흉가에 귀신이 나온다는 철수의 말에, 우리 반 친구 4명은 오싹한 공포 체험을 떠났다. <u>처음에는 자기가 앞장서겠다던 철수가 흉가 앞에서 딴판으로 변하더니 먼저 가라며 옆의 상현이를 떠밀어 버렸다.</u> 친구들은 겁쟁이라며 눈총을 줬다. 주변을 둘러보니 상현이가 온데간데없이 사라졌다. 멀리서 들리는 괴상한 소리에 우리는 입을 다물고 집중했다. 달빛에 비친 그림자를 보고 우리는 눈이 휘둥그레졌다. 그리고 너 나 할 것 없이 짐을 내팽개치고 도망가기 시작했다. 알고 보니 괴상한 소리와 그림자는 상현이를 데리러 온 엄마의 영롱한 목소리와 그림자였다.

1 윗글을 읽고, 아래에서 설명하는 단어를 찾아 써 보세요.

- '눈에 독기를 띠며 쏘아보는 시선'입니다.
- 비슷한 단어로 '눈살', '눈초리'가 있어요.
- 잘못된 행동을 하는 친구에게 ☐☐을 줬다.

☐ ☐

2 윗글의 밑줄 친 내용과 관련된 속담으로 알맞은 것을 골라 V표 하세요.

① 아는 길도 물어가라 ☐   ② 돌다리도 두들겨 보고 건너라 ☐

③ 우물에 가서 숭늉 찾는다 ☐   ④ 열 길 물속은 알아도 한 길 사람 속은 모른다 ☐

3 다음 대화의 밑줄 친 상황과 관련된 표현을 써 보세요.

호영 흉가에서 귀신이 나온다는데 들어갈 수 있겠어?

현수 <u>그럼! 이 정도쯤이야! 지금 들어갈게!</u>

➡ 현수는 큰 결심을 하고 ☐ㅈ☐ ☐ㅁ☐ 을 ☐ㅂ☐ ☐ㄲ☐ 쥐었다.

오늘의 사자성어

사 필 귀 정

事	必	歸	正
일 사	반드시 필	돌아갈 귀	바를 정

　사필귀정은 '무슨 일이든 결국 올바르게 돌아간다'는 뜻이에요. 사(事)는 '세상의 모든 일', 정(正)은 '세상의 올바른 법칙이나 규칙'을 뜻해요. 간혹 올바르지 못한 일들이 주변에 있지만 결국 올바른 일들이 이기게 됩니다. 흥부와 놀부 이야기를 알고 있나요? 흥부는 평소에 착한 마음씨로 부모님께 효도하고 형제를 사랑하며 살았어요. 그러던 어느 날 다리를 다친 제비를 보고 착한 마음으로 다리를 고쳐 주고 박씨를 얻게 되죠. 박씨를 심고 잘 키워서 슬근슬근 톱질을 하였더니 금은보화가 한가득 들어 있었어요. 이 소식을 듣게 된 심술궂은 놀부는 제비의 다리를 일부러 부러뜨리고 아파하는 제비의 다리를 고쳐 주었어요. 놀부도 박씨를 얻어 잘 키우고는 열심히 톱질을 합니다. 어떤 일이 생겼을까요? 도깨비가 나타나 놀부의 재산을 몽땅 가져가 버렸답니다.

　여러분들도 사필귀정의 사자성어를 기억하며 거짓말을 하거나 나쁜 행동을 하면 안 된다는 점 꼭 기억해 두세요. 바른말과 올바른 행동을 할 때 여러분들에게 더 행복하고 좋은 일이 많이 생길 거랍니다.

13

우리 반 급훈 정하기

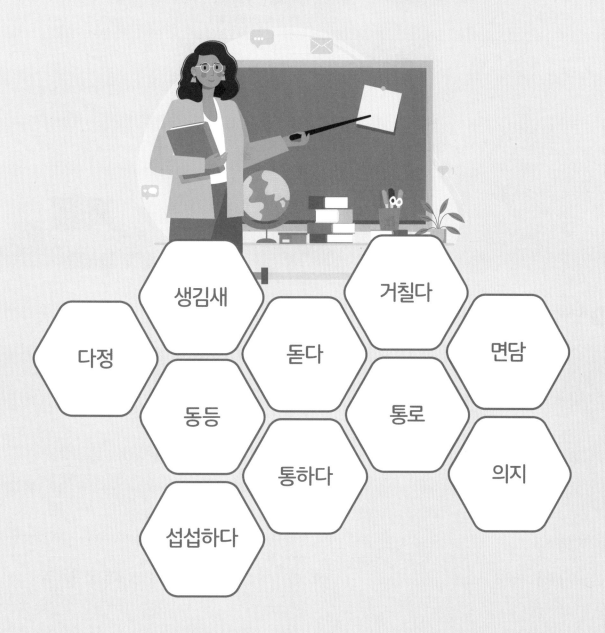

생김새

거칠다

다정

돋다

면담

동등

통로

통하다

의지

섭섭하다

✏️ 새롭게 알게 된 단어에 표시해 보세요.

다정

정이 많음

철수는 참 다정한 친구예요.

생김새

생긴 모양새

친구들의 생김새는 모두 달라요.

돋다

감정이나 기색 따위를 생겨나게 하다

네가 먼저 화가 돋게 했잖아.

면담

서로 만나서 이야기함

문제가 생기면 선생님께 면담을 요청할 수 있어요.

동등

등급이나 정도가 같음

같은 반 친구들은 동등한 위치에 있어요.

거칠다

행동이나 성격이 사납고 공격적인 면이 있다

거친 말과 행동은 상대를 힘들게 해요.

통하다

마음, 말 등이 다른 사람과 소통되다

대화를 하면 서로의 마음이 통할 수 있어요.

의지

다른 것에 마음을 기대어 도움을 받음

힘들 때 서로 의지할 수 있는 친구가 되어 주세요.

섭섭하다

서운하고 아쉽다

섭섭한 마음은 지금 떨쳐버리기로 해요.

통로

통하여 다니는 길

통로에 모여 있으면 안 돼요.

✔️ 단어의 뜻을 보고, 문장에 알맞은 말을 써 보세요.

뜻	문장
① 등급이나 정도가 같음	➡ 우린 모두 [ㄷ][ㄷ]한 관계야.
② 서로 만나서 이야기함	➡ 선생님께 [ㅁ][ㄷ]을 요청해 봐.
③ 정이 많음	➡ 철수는 참 [ㄷ][ㅈ]해.
④ 생긴 모양새	➡ 너와 나는 [ㅅ][ㄱ][ㅅ]가 달라.

1 빈칸에 공통으로 들어갈 한 글자를 써 보세요.

- 교실 옆 ▢로에서는 뛰면 안 돼.

- 복도에서는 오른쪽으로 ▢행합니다.

- 이 문을 ▢과하려면 요금을 내세요.

2 대화의 빈칸에 들어갈 알맞은 단어를 써 보세요.

해솔 은미야, 네가 다음 주에 전학 간다니 정말 ▢ㅅ▢ㅅ▢ 해.

은미 나도 너무 아쉬워. 그래도 우리 연락 자주 하자.

해솔 거리는 멀어도 지금처럼 서로 ▢ㅇ▢ㅈ▢ 하면서 지내자.

은미 그래. 고마워 친구야.

3 다음 표에 있는 단어의 비슷한 말과 반대말을 [보기]에서 찾아 써 보세요.

> **보기**   동급, 다감, 온순하다, 비정, 차이, 괄괄하다

	비슷한 말	반대말
다정		
동등		
거칠다		

1 밑줄 친 부분과 바꾸어 쓸 수 있는 단어를 고르세요.

> 현영이는 **얼굴 생김새**가 뛰어나고 밝은 표정이 예쁘다.

① 인물   ② 시선   ③ 모양   ④ 생각   ⑤ 표현

2 대화의 밑줄 친 단어의 뜻으로 알맞은 것을 괄호 안에서 골라 ○표 하세요.

> 현수   쉬는 시간이 되니 얼굴에 생기가 **돋았네**.
>
> 이현   친구들과 축구를 하러 나갈 생각에 기분이 좋아졌어.
>
> ➡ (감정 / 감촉)이나 (기온 / 기색) 따위를 생겨나게 하다

3 다음 중 [보기]의 단어를 사용해 만들 수 <u>없는</u> 문장을 고르세요.

> | 보기 | 통하다, 거칠다 |
> | --- | --- |

① 이 터널은 옆 동네로 ☐ .

② 우리 할머니의 손은 ☐ .

③ 가민이와 나는 뜻이 잘 ☐ .

④ 비가 내린 후 구름이 ☐ .

[1~3] 다음 글을 읽고, 질문에 답하세요.

> 친구들이 발표한 우리 반 급훈 내용을 정리하겠습니다. '다정하게 지내자. 서로 미소를 돋게 하자. 풀이 죽은 친구는 격려하자. 우리는 동등한 관계이다. 거친 말과 행동은 삼가자. 갈등이 생기면 면담을 통해 서로 마음을 통하게 만들자. 어려운 일은 서로 의지해 이겨내자. 친구를 섭섭하게 만들었다면 먼저 사과하자. 통로에서는 뛰지 말자. <u>어울리지 못하는 친구와 함께하자.</u>'입니다. 아쉽게도 철수가 발표한 '☐ 묻은 개가 겨 묻은 개 나무라는 일 없게 하자'는 제외되었습니다. 혹시 더 추가할 내용 있을까요? 없으면 이번 학급 회의는 여기서 마치겠습니다. 모두 수고하셨습니다.

1 윗글의 내용을 통해 알게 된 내용으로 올바르지 <u>않은</u> 것을 고르세요.

① 친구들 사이의 평등을 이야기했다.

② 학급 회의에서 여러 가지 의견이 나왔다.

③ 서로 대화를 통해 문제를 해결하고자 한다.

④ 어려움을 스스로 이겨내는 연습도 필요하다.

⑤ 학급 친구들이 급훈을 만들기 위해 발표를 열심히 했다.

2 윗글의 밑줄 친 내용과 관련된 속담으로 알맞은 것을 골라 V표 하세요.

① 꿩 대신 닭 ☐   ② 내 코가 석자 ☐

③ 개밥에 도토리 ☐   ④ 고양이 목에 방울 달기 ☐

3 윗글의 빈칸과 다음 문장에 공통으로 들어갈 단어에 V표 하세요.

- 개_____도 약에 쓰려면 없다.
- 아끼다 _____ 된다.

☐ 똥   ☐ 털   ☐ 뿔   ☐ 솔

유튜브와 거리두기 실천하기!

　여러분은 유명한 유튜버를 몇 명이나 알고 있나요? 구독 혹은 시청 중인가요? 유튜브는 게임처럼 즉각적이고 화려한 보상과 흥미로운 전개, 거기에 빠른 화면 변화가 특징입니다. 지루한 설명보다는 간단하고 신속하게 정보를 알려 주니 유튜브를 통해 지식을 얻는 경우도 있습니다. 물론 재미도 있고요. 그런데 이렇게 재미있는 유튜브를 어른들은 왜 보지 말라고 할까요?

　우선, 유튜브에 익숙해지면 여러분이 하는 공부에 흥미가 떨어집니다. 공부는 하얀색 책에 검은색 글씨가 써 있어요. 단조롭고 스스로 이해해야 합니다. 유튜브는 아무 생각 없이 영상만 봐도 되는데 공부는 머리 써 가며 열심히 노력해야 하죠. 그러니 공부와 독서가 점점 재미없어집니다. 또, 작은 화면을 계속 보면 시력이 나빠집니다. 시력이 나빠지면 안경을 써야 할 수도 있죠. 마지막으로 유튜브의 자극적이고 거짓된 정보로 잘못된 지식이나 편견을 얻게 될 수도 있어요. 거짓말이 나쁜 것처럼 잘못된 정보도 좋지 않답니다. 따라서 유튜브는 정말 가끔 보거나 보지 않는 게 좋다는 사실을 꼭 기억해 두세요.

우리 고장을 소개합니다

그대로

풍부

고장

짓다

이듬해

수확

재배

가축

조선소

항구

✏️ 새롭게 알게 된 단어에 표시해 보세요.

고장
사람이 많이 사는 지방이나 지역
우리 고장에는 넓은 바다가 있어요.

그대로
변함없이 그 모양으로
그것은 자연 그대로의 모습을 간직하고 있어요.

풍부
넉넉하고 많음
바다에는 풍부한 수산 자원이 있어요.

이듬해
바로 다음의 해
씨앗을 뿌리면 이듬해 꽃을 볼 수 있어요.

짓다
재료를 들여 밥, 옷, 집 등을 만들다
오래된 집을 허물고 새로 지었어요.

재배
식물을 심어 가꿈
재배 방법을 바꾸니 농작물이 더 잘 자랐어요.

가축
집에서 기르는 소, 말, 개 등의 짐승
우리 농장에서는 여러 마리의 가축을 길러요.

조선소
배를 만들거나 고치는 곳
우리 아빠는 조선소에서 배를 만들어요.

수확
익은 농작물을 거두어들임
인근 논에서 곡식을 수확해요.

항구
배가 드나들도록 강가나 바닷가에 부두를 설비한 곳
항구에 수십 대의 배가 정박했어요.

✔️ 단어와 뜻이 올바르게 연결될 수 있도록 중간에 선을 그어 사다리를 만들어 보세요.

재배	수확	그대로	이듬해
변함없이 그 모양으로	익은 농작물을 거두어들임	바로 다음의 해	식물을 심어 가꿈

1 다음 상황에 관련된 단어를 [보기]에서 골라 써 보세요.

> 보기   조선소, 가축, 재배

① 우리 아빠가 비닐하우스에서 농작물을 키우고 있어.

② 저곳에서 큰 배를 만들고 있어.

③ 우리 농장에서는 젖소, 돼지, 닭을 키운다.

2 빈칸에 공통으로 들어갈 한 글자를 써 보세요.

- 항 [   ] 에 도착하니 저 멀리 배가 보였다.

- 영화관 입 [   ] 는 이쪽입니다.

- 우리나라의 인 [   ] 는 약 5200만 명이다.

3 밑줄 친 단어의 뜻을 [보기]에서 찾아 기호를 써 보세요.

> 보기
> ㉠ 재료를 들여 밥, 옷, 집 등을 만들다
> ㉡ 시, 소설, 편지, 노래 가사 등과 같은 글을 쓰다
> ㉢ 거짓으로 꾸미다

① 수업 시간에 동시 **짓기** 활동을 했다.

② 지금 한 이야기들 모두 **지어낸** 거지?

③ 벽돌을 쌓아 집을 **지었다.**

1 밑줄 친 부분과 바꾸어 쓸 수 없는 단어를 골라 ○표 하세요.

> **풍부한** 지하자원은 우리 삶에 도움을 준다.
>
> ➡ 궁한 / 풍족한 / 넉넉한 / 많은

2 대화의 빈칸에 공통으로 들어갈 단어를 찾아 ∨표 하세요.

> 이환 우리 고장에서는 가을마다 벼를 ＿＿＿＿＿해.
>
> 상현 ＿＿＿＿＿한 벼는 판매하는 거야?
>
> 미영 응, 사려는 사람과 협상이 잘 되면 큰 ＿＿＿＿＿을 얻기도 해.

☐ 수확	☐ 수습	☐ 수고	☐ 수거

3 빈칸에 들어갈 단어가 바르게 짝지어진 것을 고르세요.

> • 우리 마을 주변에는 강이 흘러서 물이 ＿＿＿＿ ㉠ ＿＿＿＿.
>
> • 우리 고장은 100년 전 모습을 ＿＿＿＿ ㉡ ＿＿＿＿ 유지하고 있어.
>
> • 휴대전화 화면이 안 나오네. ＿＿＿＿ ㉢ ＿＿＿＿ 난 것 같아.

	㉠	㉡	㉢
①	풍부해	그대로	보장
②	부유해	그대로	고장
③	풍부해	그대로	고장
④	부유해	멋대로	고장
⑤	풍부해	멋대로	보장

[1~2] 다음 글을 읽고, 질문에 답하세요.

> 우리 고장의 동쪽에는 배가 드나드는 항구가, 서쪽에는 벼를 재배하는 넓은 평야가 있다. 항구 옆에 있는 조선소는 큰 배를 만드느라 항상 분주하다. 원래 이곳은 작은 어선을 몇 척 만드는 정도였는데, 마을 사람들이 꾸준히 노력한 끝에 지금은 규모가 큰 조선소가 세워졌다. 지금 만들고 있는 배는 이듬해 외국으로 수출될 예정이라고 한다. 평야에서는 농부들이 농작물을 수확하며 생활한다. 가을에는 풍부한 먹을거리를 나누어 먹는 전통이 있다. 소, 닭, 돼지 등 가축을 기르는 농장도 있다. 우리 마을에는 오래된 전통 한옥 한 채가 그대로 보존되어 있는데, 홀로 전통을 유지하고 있는 멋진 집이다. 다른 집들은 국가의 지원을 받아 벽돌집으로 새로 지었다.

1 아래의 뜻이 설명하는 단어를 윗글에서 찾아 써 보세요.

- 뜻은 '바로 다음의 해'입니다.
- 비슷한 단어로 '내년'이 있어요.

☐ ☐ ☐

2 다음 중 노력의 중요성을 강조하는 속담이 <u>아닌</u> 것에 V표 하세요.

① 티끌 모아 태산 ☐　　　　② 열 번 찍어 안 넘어가는 나무 없다 ☐

③ 오르지 못할 나무는 쳐다보지도 말아라 ☐　　　　④ 공든 탑이 무너지랴 ☐

3 다음 대화의 내용과 관련된 속담을 써 보세요.

호영　나는 가축의 먹이를 5kg이나 들 수 있어. 대단하지?

현수　저기 민찬이는 10kg을 거뜬히 들고 있는데?

호영　이럴 수가….

속담 ㄸ | ㄴ | 놈 | 위 | 에 | ㄴ | ㄴ | 놈 | 있 | 다 .

가로세로 낱말 퀴즈 '산'이 들어가는 낱말

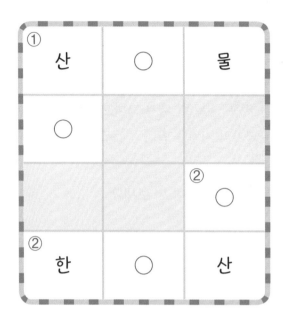

가로 → ① 산에서 나는 나물

예 오늘 저녁 메뉴는 산○물 비빔밥이에요.

② 제주도 중앙에 있는 높은 산

예 제주도에 왔으니 한○산을 가야 해요.

세로 ↓ ① 휴식을 취하거나 건강을 위해서 천천히 걷는 일

예 나는 매일 집 앞을 산○해요.

② 몹시 어수선하고 쓸쓸하다

예 어두운 밤에 내리는 비는 ○산한 느낌을 줘요.

15

옛날 사람들은 어떻게 살았을까?

옛보다

찌다

일구다

열기

슬기롭다

세시풍속

어우러지다

일손

풍년

땔감

✏️ 새롭게 알게 된 단어에 표시해 보세요.

일구다
논밭을 만들기 위하여 땅을 파서 일으키다

마을 사람들이 힘을 합쳐 논밭을 일구었어요.

엿보다
남이 알아차리지 못하게 대상을 살펴보다

좋아하는 친구의 그네 타는 모습을 엿보았어요.

찌다
뜨거운 김을 쐬는 것같이 더워지다

푹푹 찌는 더위에는 그늘에서 쉬었어요.

슬기롭다
사리를 바르게 판단하고 일을 잘 처리하는 재능이 있다

조상들은 어려움을 슬기롭게 극복했어요.

열기
뜨겁게 가열된 기체

집 안 전체에 열기가 퍼져요.

어우러지다
여럿이 조화를 이루거나 섞이다

한데 어우러져 민속놀이를 해요.

일손
일을 하는 사람

일손이 부족하면 서로 도와요.

풍년
평년보다 곡식의 수확이 많은 해

온 마을에 풍년가가 울려 퍼졌어요.

세시풍속
해마다 일정한 시기에 되풀이해 온 고유의 풍속

우리나라의 세시풍속에는 설날에 하는 윷놀이나 세배 등이 있어요.

땔감
불을 때는 데 쓰는 재료

땔감으로 아궁이에 불을 지펴요.

✔️ 그림을 보고 [보기]에서 알맞은 단어를 골라 빈칸에 써 보세요.

> **보기**   세시풍속, 풍년, 땔감, 일손

①

②

③

④

_____   _____   _____   _____

1 밑줄 친 말과 바꾸어 쓸 수 있는 낱말을 골라 ○표 하세요.

도둑이 창문을 통해 집 안을 **엿보았다.**

그는 버려진 땅을 논밭으로 **일구었다.**

별렀다

노렸다

훔쳐보았다

만들었다

재배했다

보살폈다

2 빈칸에 알맞지 <u>않은</u> 단어를 골라 ∨표 하세요.

① 겨울에는 _____ 을(를) 아궁이에 넣어 불을 지핀다.

☐ 나무 　　　☐ 땔감 　　　☐ 한때 　　　☐ 땔거리

② 어려움이 생기면 _____ 해결해 봅시다.

☐ 지혜롭게 　　　☐ 어리석게 　　　☐ 슬기롭게 　　　☐ 현명하게

3 빈칸에 알맞은 단어를 넣어 문장을 완성해 보세요.

① 최근 농촌에는 항상 ☐ ㅇ ☐ ㅅ 이 부족하다.

② 올해는 날씨가 좋아 우리 마을에 ☐ ㅍ ☐ ㄴ 이 들었다.

1 다음 중 빈칸에 '열기'를 쓸 수 <u>없는</u> 문장을 고르세요.

① 감기 기운이 있는지 몸에 ＿＿＿＿＿＿가 있다.

② 국회의원의 ＿＿＿＿＿＿는 4년이다.

③ 아궁이에 불을 지피자 집 안 전체에 ＿＿＿＿＿＿가 퍼졌다.

④ 마을 운동회 한 달 전부터 ＿＿＿＿＿＿가 뜨겁게 달아오르고 있다.

2 밑줄 친 단어의 뜻을 [보기]에서 찾아 기호를 써 보세요.

> 보기
> ㉠ 뜨거운 김을 쐬는 것 같이 더워지다
> ㉡ 살이 올라서 뚱뚱해지다

① 여름철 푹푹 **찌는** 더위는 너무 힘들어. ☐

② 요즘 밤마다 음식을 먹었더니 살이 계속 **쪄**. ☐

3 밑줄 친 단어의 뜻에 맞는 말을 괄호 안에서 골라 ○표 하세요.

① 강강술래는 다 같이 **어우러져** 함께하는 놀이이다.

➡ (여럿이 조화를 / 혼자 새로움을) 이루거나 섞이다

② 우리의 **세시풍속**에는 연날리기, 널뛰기 등이 있다.

➡ 해마다 (일정한 시기 / 바뀌는 시기)에 되풀이해 온 고유의 풍속

1 다음 글을 읽고, 아래의 뜻이 설명하는 단어를 찾아 써 보세요.

> 옛날 사람들의 생활 모습은 기록을 통해 엿볼 수 있다. 우선, 황무지를 일구어 논과 밭을 만들어 곡식을 얻었다. 푹푹 찌는 여름에는 삼베, 모시로 만든 옷을 입고, 겨울에는 땔감을 아궁이에 넣어 불을 지펴 방 안에 뜨거운 열기를 퍼트렸다. 일손이 부족하면 서로 돕고, 노동요를 부르며 힘든 농사일을 슬기롭게 극복했다. 또, 매년 같은 날 한데 어우러져 세시풍속을 즐기며 풍년을 기원했다.

논밭을 만들기 위하여 땅을 파서 일으키다 ☐ ☐ ☐

2 다음 대화의 빈칸에 공통으로 들어갈 단어를 써 보세요.

이서   옛날 사람들은 곡식을 수확해야 두 _____를 쭉 뻗을 수 있었대.

샛별   그리고 기르던 강아지가 무지개 _____를 건너면 묻어주기도 했대.

선미   둘 다 똑똑하구나. 내가 역사 척척 박사 희솔이와 너희 사이에 _____를 놓아도 될까? 다 같이 이야기하면 재밌을 것 같아.

3 다음 대화의 빈칸에 들어갈 알맞은 속담을 고르세요.

한솔   여기 일손이 부족한데 좀 와서 도와줘.
해담   나 너무 힘든데. 좀 쉬었다 하면 안 될까?
한솔   오늘까지 다 해야 해. 얼른 와.
해담   아! 그늘에서 낮잠 자는 저 강아지가 너무 부럽다. _____.

① 닭 쫓던 개 지붕 쳐다보는 것 같네.   ② 짖는 개는 물지 않는 법이야.
③ 똥 묻은 개가 겨 묻은 개 나무라는구나.   ④ 서당 개 삼 년이면 풍월을 읊는다더니.
⑤ 개 팔자가 상팔자구나.

오늘의 사자성어

팔 방 미 인

八 **方** **美** **人**

여덟 팔   방향 방   아름다울 미   사람 인

팔방미인의 한자를 살펴볼까요? 동·서·남·북의 사방에 동북·동남·서북·서남 방향을 합쳐 여덟 방향을 뜻하는 팔방과 외모가 빼어난 사람을 지칭하는 미인이 쓰여 있어요. 꼭 여자만을 뜻하는 건 아니고요, 외모뿐만 아니라 특정 분야에서 뛰어난 성과를 거둔 사람을 뜻합니다. 두 단어의 뜻을 합쳐 보면 여러 가지 분야에 두루두루 뛰어난 사람이 돼요. 예를 들어, 공부도 잘하고, 운동도 잘하고, 성격도 좋은 친구가 있다면 팔방미인이라는 표현을 사용할 수 있겠죠.

팔방미인과 비슷한 뜻을 지닌 사자성어로는 박학다식(博學多識)과 다재다능(多才多能)이 있어요. 박학다식은 학문이 넓고 지식이 많을 때 사용하고, 다재다능은 다양한 재능과 능력이 있다는 뜻입니다.

여러분도 어휘 문제집을 열심히 풀고, 책을 많이 읽고, 운동도 꾸준히 하면 팔방미인이 될 수 있답니다.

전통 혼례 체험기

영향

기운

단정하다

평안

한결같이

몰아내다

혼례

축복

폐백

시대

새롭게 알게 된 단어에 표시해 보세요.

기운

눈에는 보이지 않으나 다른 감각으로 느껴지는 현상

부부에게 행복의 기운이 느껴져요.

몰아내다

몰아서 밖으로 쫓거나 나가게 하다

여러 방법으로 집안의 나쁜 기운을 몰아냈어요.

평안

걱정이나 탈 없이 무사히 잘 있음

부부의 평안과 건강을 빌어요.

혼례

부부 관계를 맺는 서약을 하는 의식

혼례를 통해 정식으로 부부가 되었어요.

영향

어떤 사물의 효과나 작용이 다른 것에 미치는 일

혼례는 시대의 영향을 많이 받아요.

단정하다

옷차림새나 몸가짐 따위가 얌전하고 바르다

하객들은 단정한 옷을 입고 혼례에 참여해요.

축복

행복을 빎

신랑 신부는 주변 사람들의 축복을 받았어요.

한결같이

처음부터 끝까지 변함없이 꼭 같이

지금처럼 한결같이 서로 사랑해 주세요.

시대

역사적으로 표준에 의하여 구분한 일정한 기간

시대가 변하면서 결혼 문화가 바뀌었어요.

폐백

혼인 전에 신랑이 신부 집에 보내는 예물

신랑은 폐백, 신부는 예단을 보내요.

✔️ 빈칸에 들어갈 단어로 알맞은 것을 이어 보세요.

① 가정의 행복과 ☐☐ 을 빕니다. •   • 평안

② 어둠 속에서 으스스한 ☐☐ 이 느껴진다. •   • 기운

③ 요즘에는 ☐☐ 절차가 많이 바뀌었다. •   • 영향

④ 비구름의 ☐☐ 으로 비가 내리겠습니다. •   • 혼례

어휘와 친해지기

1 뜻에 알맞은 단어를 찾아 선으로 연결하고 빈칸에 써 보세요.

몰	홍	상	시	댁
은	폐	위	대	파
나	백	솔	닭	발
다	몰	아	내	다
폐	사	시	예	단

① ☐☐ : 혼인 전에 신랑이 신부 집에 보내는 예물

② ☐☐ : 역사적으로 표준에 의하여 구분한 일정한 기간

③ ☐☐☐☐ : 몰아서 밖으로 쫓거나 나가게 하다

2 다음 문장이 완성되도록 괄호 안에서 알맞은 단어를 골라 보세요.

① 야외 행사는 날씨의 (영향 / 성향)을 많이 받는다.

② 한복을 입고 전통 (사례 / 혼례)를 하는 사람들의 수가 늘고 있다.

③ 하객들은 신랑과 신부에게 (축복 / 명복)을 빌었다.

3 밑줄 친 부분과 바꾸어 쓸 수 <u>없는</u> 단어를 골라 ○표 하세요.

중요한 행사에는 **단정한** 옷차림으로 참석해야 한다.

➡ 말끔한 / 바른 / 얌전한 / 방정맞은

1 주어진 단어의 뜻을 참고해 문장의 빈칸에 알맞은 말을 써 보세요.

- 평안: 걱정이나 탈 없이 무사히 잘 있음
- 평균: 여러 사물을 통일적으로 고르게 한 것
- 평범: 뛰어나거나 색다른 점 없이 보통임

① 나는 또래들의 ＿＿＿＿＿ 키보다 훨씬 더 크다.

② 은율이는 무늬가 없는 ＿＿＿＿＿한 옷을 주로 입는다.

③ 그는 명상으로 마음의 ＿＿＿＿＿을 얻는다.

2 밑줄 친 단어의 뜻을 [보기]에서 골라 기호를 써 보세요.

보기
㉠ 눈에는 보이지 않으나 다른 감각으로 느껴지는 현상
㉡ 생물이 살아 움직이는 힘

① 천하장사는 **기운**이 세다. ☐

② 그럴 수도 있지! 다음에는 잘될 거야. **기운** 내. ☐

③ 봄의 끝자락에 느껴지는 습한 **기운**이 여름의 시작을 알려 준다. ☐

3 밑줄 친 부분과 바꾸어 쓸 수 있는 말을 [보기]에서 찾아 문장을 다시 써 보세요.

보기   변함없이, 골고루, 샅샅이, 올바르게

부모님은 **한결같이** 나를 사랑해 주신다.

➡

1 다음 글을 읽고, 알게 된 내용으로 알맞지 <u>않은</u> 것을 골라 보세요.

> 따스한 봄의 기운이 느껴지는 시기에 전통 혼례 체험이 열렸다. 단정한 옷차림으로 주변 사람들의 축복을 받으며 신랑과 신부가 입장하였다. 부부는 한결같이 서로 사랑할 것을 약속하고, 슬픔은 몰아내며 행복만 가득하길 빌었다. 최근에는 시대의 영향을 받아 결혼식 문화가 많이 바뀌었다. 폐백과 예단도 축소되거나 생략되는 경우가 많고, 결혼식 옷차림과 장소, 진행 방식도 모두 바뀌었다. 하지만 결혼식 축하를 위해 참석한 하객들이 신랑과 신부의 평안과 건강을 비는 마음은 변치 않는 것 같다.

① 최근에 결혼식 문화가 많이 바뀌었다.

② 요즘에는 대부분 전통 혼례로 결혼을 한다.

③ 폐백과 예단에 대한 생각이 많이 바뀌고 있다.

④ 신랑과 신부는 결혼을 할 때 서로 약속을 한다.

⑤ 하객들은 신랑 신부를 축하해 주기 위해 결혼식에 참석한다.

2 다음 중 밑줄 친 표현을 문장에 맞게 사용한 것을 고르세요.

① 결혼식장에 사람이 많은 걸 보니 신랑과 신부가 **발을 끊었구나**.

② 오랜만이다! 얼마 만에 **얼굴을 내미는 거야**?

③ 신랑이 행복해하는 모습을 보니 **얼굴이 참 두껍네**.

3 서로 비슷한 뜻을 지닌 단어끼리 묶인 것을 고르세요.

ㄱ 영향 – 경향   ㄴ 혼례 – 결혼
ㄷ 축복 – 재앙   ㄹ 평안 – 태평

① ㄱ, ㄴ   ② ㄱ, ㄹ   ③ ㄴ, ㄷ
④ ㄴ, ㄹ   ⑤ ㄷ, ㄹ

부모님께 효도하는 법!

여러분은 부모님께 효도하고 있나요? 모두 행복한 가정에서 효도하며 잘 지내고 있을 거라 생각합니다. '효도'라는 단어를 들으면 어떤 생각이 드나요? 뭔가 대단하고 깜짝 놀랄 만한 것을 해야 효도를 하는 거라고 여길 수도 있지만, 생각보다 간단히 '효도'를 실천할 수 있답니다.

우선, 여러분의 부모님을 유심히 관찰해 보세요. 부모님을 유심히 살피면, 무엇을 사고 싶어 하시는지, 어떤 음식을 좋아하시는지, 무엇이 필요하신지 알 수 있어요. 그런 다음, 부모님 생신 때 깜짝 선물을 드려 보면 어떨까요?

두 번째는, 부모님이 지치거나 피곤해 보일 때 안마를 해드리거나 "힘내세요"라고 말해 보세요. 부모님의 피로가 모두 녹아 사라질 거예요.

마지막으로, 어버이날이나 생신과 같은 특별한 날이 아니어도 부모님께 편지를 써 보세요. 부모님도 어버이날이나 생신 때 받는 편지나 선물 이상으로 특별하지 않은 날, 여러분의 진심을 담은 편지를 받는다면 기분이 좋아지지 않을까요?

용돈을 관리해요

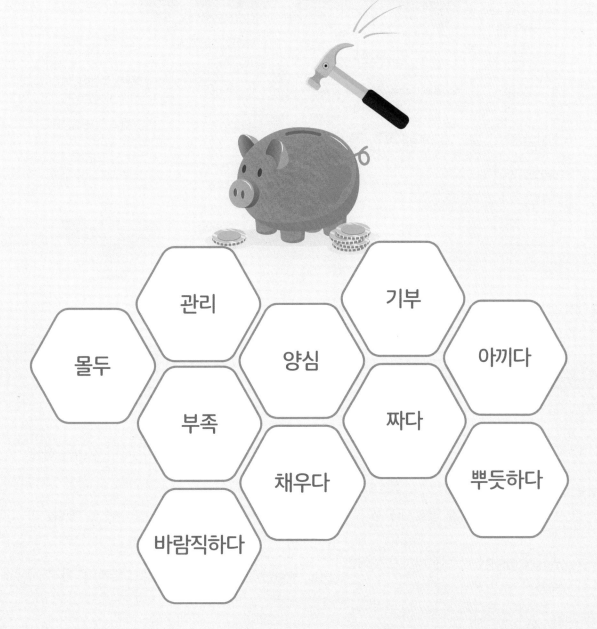

관리

기부

몰두

양심

아끼다

부족

짜다

채우다

뿌듯하다

바람직하다

✏️ 새롭게 알게 된 단어에 표시해 보세요.

몰두
어떤 일에 온 정신을
다 기울여 열중함

용돈 관리 기록에
몰두하고 있어요.

양심
옳고 그름, 선과 악을 구별하는
도덕적 의식

양심에 따라 스스로
규칙을 정했어요.

관리
어떤 일의 사무를 맡아 처리함

수입과 지출을 관리하면
아껴 쓰게 돼요.

아끼다
물건이나 돈, 시간 등을
함부로 쓰지 않다

돈을 아껴 쓰는 습관을
가져야 해요.

부족
필요한 양이나 기준에 미치지 못해
충분하지 않음

저의 부족한 점은
계획 없는 지출이에요.

짜다
계획이나 일정 따위를 세우다

다음 달에 어떻게 소비할지
계획을 짜 보아요.

채우다
일정한 공간에 사람, 사물 등을
가득 차게 하다

매일 빈칸을 채우는
재미가 있어요.

뿌듯하다
기쁨이나 감격이 마음에
가득 차서 벅차다

용돈 관리를 직접 하니
뿌듯한 마음이
들어요.

바람직하다
바랄 만한 가치가 있다

바람직한 소비 습관이
생겼어요.

기부
돈이나 물건을
대가 없이 내놓음

남는 돈은 기부를
하는 것도 좋아요.

✔️ 단어의 뜻을 보고, 문장에 알맞은 말을 써 보세요.

뜻 / 문장

① 옳고 그름, 선과 악을 구별하는
도덕적 의식
➡ ㅇ ㅅ 에 따라 행동하자.

② 어떤 일의 사무를 맡아 처리함
➡ 이번 주 학급 일지 ㄱ ㄹ 는 내가 할게.

③ 돈이나 물건을 대가 없이 내놓음
➡ 어려운 이웃을 위해 ㄱ ㅂ 를 했다.

④ 필요한 양이나 기준에 미치지 못해
충분하지 않음
➡ 우리나라는 물 ㅂ ㅈ 국가야. 아껴 써야 해.

1 빈칸에 공통으로 들어갈 한 글자를 써 보세요.

- 수학 문제를 푸는 데 ☐ 두하고 있구나.

- 해가 지는 것을 일 ☐ 이라고 한다.

- 배가 고장이 나서 바닷속으로 침 ☐ 하였다.

2 대화의 빈칸에 들어갈 알맞은 단어를 써 보세요.

해솔 올해부터 용돈 ☐ㄱ ☐ㄹ 를 네가 직접 하고 있다며?

은미 응, 벌써 7,300원을 모았어.

해솔 그 돈은 어디에 사용할 예정이야?

은미 불우이웃을 위해 ☐ㄱ ☐ㅂ 할 생각이야.

3 다음 표에 있는 단어의 비슷한 말과 반대말을 [보기]에서 찾아 써 보세요.

보기	절약하다, 비우다, 충분, 낭비하다, 결핍, 메우다

	비슷한 말	반대말
아끼다		
채우다		
부족		

1 밑줄 친 부분과 바꾸어 쓸 수 있는 단어를 고르세요.

> **양심**을 지키는 방법은 나쁜 행동을 하지 않는 거야.

① 이타심　　　② 사고력　　　③ 경각심　　　④ 깨달음　　　⑤ 도덕심

2 대화의 밑줄 친 단어의 뜻에 맞게 괄호 안에서 알맞은 것을 고르세요.

> 현수　1년 동안 공부한 공책을 다시 보니 **뿌듯해**.
>
> 이현　나도 너처럼 공책 정리를 열심히 해야겠어.
>
> 뜻　(기쁨 / 슬픔)이나 (파격 / 감격)이 마음에 가득 차서 벅차다

3 다음 중 [보기]의 단어를 사용해 만들 수 <u>없는</u> 문장을 고르세요.

> | 보기 | 짜다, 바람직하다 |
> |---|---|

① 양치질을 하려고 칫솔에 치약을 _____.

② 명절에 많이 먹었더니 살이 _____.

③ 이번 김치는 내 입맛에 조금 맵고 _____.

④ 잘못을 하면 먼저 사과를 하는 것이 _____.

[1~3] 다음 글을 읽고, 질문에 답하세요.

> 현수가 용돈 관리에 몰두하는 모습을 보고 가족 모두 뿌듯한 마음이 들었다. 용돈 기입장을 쓰기 시작한 후로 현수가 스스로 생활 계획도 짜고, 용돈을 아껴 쓰는 습관이 생겼기 때문이다. 매달 말일에 부족한 점을 찾아 보완하고 때로는 가족에게 도움을 청하기도 한다. 지난달에는 모은 돈으로 저금통을 가득 채워 불우이웃을 위해 기부했다. 어려운 이웃을 돕는 바람직한 모습은 누구나 배워야 할 점이다. 매일 100원, 200원이지만 꾸준히 모으면 큰돈이 되어 누군가에게는 희망의 ☐ 이 되기 때문이다.

1 윗글을 읽고 알 수 <u>없는</u> 내용을 고르세요.

① 현수는 용돈을 낭비하지 않는다.

② 부모님은 현수의 용돈 기입장을 매일 검사한다.

③ 현수는 용돈 관리 덕분에 스스로 하는 습관이 생겼다.

④ 작은 돈도 모이면 큰돈이 될 수 있다.

⑤ 어려운 이웃을 돕는 마음을 지녀야 한다.

2 윗글의 밑줄 친 내용과 관련된 속담으로 알맞은 것을 골라 V표 하세요.

① 티끌 모아 태산 ☐ ② 갈수록 태산 ☐

③ 값싼 것이 비지떡 ☐ ④ 그림의 떡 ☐

3 윗글의 빈칸과 [보기]에 공통으로 들어갈 말에 V표 하세요.

> **보기**
> • _____ 수가 노랗다 • _____ 을 밟다
> • _____ 을 틔우다

☐ 꽃 ☐ 발 ☐ 싹 ☐ 별

가로세로 낱말 퀴즈 '반'이 들어가는 낱말

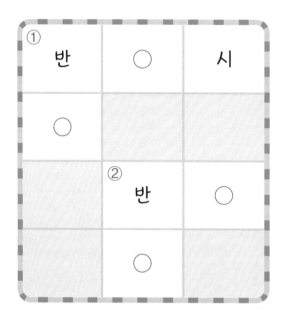

가로 → ① 틀림없이 꼭

예 이번 시험에는 반○시 100점을 맞아야 한다.

② 법칙이나 규정, 규칙 따위를 어김

예 상대 선수의 반○으로 공격권을 얻게 되었다.

세로 ↓ ① 장식으로 손가락에 끼는 고리

예 신랑과 신부는 결혼식에서 반○를 주고받는다.

② 밥에 곁들여 먹는 음식

예 오늘 급식에 고기 반○이 많이 나왔다.

깜짝 파티 대소동

피어나다

키득거리다

여기다

보살피다

머지않아

마련하다

증서

권장

곰곰이

사례

✏️ **새롭게 알게 된 단어에 표시해 보세요.**

여기다

마음속으로 그러하다고
인정하거나 생각하다

부모님의 사랑을
감사히 여기세요.

키득거리다

참다 못하여 입속에서
새어 나오는 소리로 자꾸 웃다

우리는 친구가 깜짝
놀랄것을 생각하며
키득거렸어요.

머지않아

가까운 장래에

머지않아 충분한 돈을
모을 것 같아요.

곰곰이

여러모로 깊이 생각하는 모양

부모님께 필요한 게 무얼까
곰곰이 생각해 보자.

피어나다

웃음이나 미소가 얼굴에 드러나다

우리 얼굴에도
미소가 피어나요.

보살피다

정성을 기울여 보호하며 돕다

부모님은 항상 우리를
아끼고 보살펴 주세요.

증서

권리나 의무, 사실 등을
증명하는 문서

이 증서를 보면 물건의
주인이 누군지 알 수
있어요.

권장

권하여 장려함

권장 도서를 선물하는 것은
어떨까?

마련하다

헤아려서 갖추다

용돈을 열심히 모아서
마련한 선물이에요.

사례

어떤 일이 전에 실제로
일어난 예

그걸 듣자 다른 친구의
사례가 떠올랐어요.

✅ **단어와 뜻이 올바르게 연결될 수 있도록 중간에 선을 그어 사다리를 만들어 보세요.**

증서	사례	권장	곰곰이
어떤 일이 전에
실제로 일어난 예	권리나 의무, 사실
등을 증명하는 문서	여러모로 깊이
생각하는 모양	권하여 장려함

1 다음 문장의 밑줄 친 부분과 바꾸어 쓸 수 있는 단어를 [보기]에서 찾아 써 보세요.

> **보기**   보살피다, 여기다, 키득거리다

① 친구들은 내가 범인이라고 **생각하는 것 같다**.   ☐

② 간호사는 환자를 **보호하며 돕는다**.   ☐

③ 아이들이 몰래 만화책을 보며 **웃음소리를 내고 있다**.   ☐

2 빈칸에 공통으로 들어갈 한 글자를 써 보세요.

- 우리의 약속을 ☐ 서로 남기자.

- 여기 있는 발자국이 그가 범인이라는 ☐ 거야.

- 목격자의 ☐ 언이 결정적인 단서가 되었다.

3 밑줄 친 단어의 뜻을 [보기]에서 찾아 기호를 써 보세요.

> **보기**
> ㉠ 어떤 일이 전에 실제로 일어난 예
> ㉡ 언행이나 선물 따위로 상대에게 고마운 뜻을 나타냄

① 고마워. 이건 **사례**로 주는 선물이야.   ☐

② 그는 구체적인 **사례**를 들며 자신의 무죄를 주장했다.   ☐

③ 아기용품에 환경 호르몬이 검출되는 **사례**가 늘어나고 있다.   ☐

1 밑줄 친 부분과 바꾸어 쓸 수 없는 단어를 골라 ○표 하세요.

그동안 모은 돈으로 작은 선물을 **마련했어요.**

➡ 장만했어요 / 준비했어요 / 샀어요 / 벌었어요

2 대화의 빈칸에 공통으로 들어갈 단어를 찾아 ∨표 하세요.

이환　여기 예쁘게 _____ 꽃을 봐봐.

상현　꽃을 보니 웃음이 입가에 _____구나?

미영　그래서 나는 집에서도 꽃을 기르고 있어.

| | 묻어나는 | | 피어나는 | | 살아나는 | | 떨어지는 |

3 빈칸에 들어갈 단어가 바르게 짝지어진 것을 고르세요.

• 이 문제를 함께 ___⊙___ 생각해 보자.

• 겨울이 끝나면 ___ⓛ___ 봄이 찾아올 거야.

• 올해의 ___ⓒ___ 도서 10권입니다.

	⊙	ⓛ	ⓒ
①	알알이	머지않아	권장
②	알알이	지난날	조장
③	알알이	머지않아	조장
④	곰곰이	지난날	조장
⑤	곰곰이	머지않아	권장

1 다음 글을 읽고, 아래에서 설명하는 단어를 찾아 써 보세요.

> 항상 우리 삼남매를 보살피느라 애쓰시는 부모님을 위해 무엇을 할까 곰곰이 생각했다. 용돈을 열심히 모아 선물을 마련하고, 효도 증서를 함께 드리면 어떨까? 증서에는 부모님의 사랑을 항상 감사히 여긴다는 내용과 안마를 한 달 동안 무제한으로 해드린다는 내용을 넣으면 좋겠다. 이렇게 했던 주변 사람들의 사례를 들어보니 부모님의 얼굴에 미소가 피어났다고 한다. 부모님께서 주무시는 동안 서프라이즈 파티에 쓸 것들을 동생들과 준비하며 키득거리느라 하마터면 들통날 뻔했지만, 머지않아 '짠' 하고 보여드릴 생각에 마음이 다 설렜다. 선물은 부모님들을 위한 권장 도서 한 권과 초콜릿을 골랐다. 오늘은 파티 준비를 마치고 설레는 마음으로 부모님을 기다려야겠다.

- 뜻은 '가까운 장래, 오래지 않아'입니다.
- 비슷한 단어로 '조만간'이 있어요.
- ☐☐☐☐ 동생이 태어난다.

☐ ☐ ☐ ☐

2 다음 대화를 보고, 막내와 관련된 속담을 써 보세요.

엄마 이번 서프라이즈를 막내가 다 준비했다며?

첫째 네! 아직 키 작은 꼬마인줄 알았는데 아니었어요!

둘째 막내가 키는 작아도 생각은 참 야무져요!

속담 | ㅈ | ㅇ | 고 | 추 | 가 | ㅁ | ㄷ |

재미있는 글쓰기 주제

어휘 공부를 열심히 하고, 글쓰기도 함께하면 문해력이 쑥쑥 길러져요. 이런 글쓰기는 어떤 주제를 가지고 쓰면 좋을까요?

우선, 동물이나 식물을 꾸준히 관찰해서 관찰 일기를 써 보세요. 동물과 식물을 자세히 살펴 보면서 관찰력도 기르고, 글쓰기 실력도 기를 수 있어요. 더불어 생명을 존중해야 한다는 생각도 함께 가지게 되죠.

그리고 가족이나 친구를 소개하는 글을 써 보세요. 가장 가까운 사람들을 소개하는 글을 써 보면 남들은 보지 못하는 것을 자세하게 쓸 수 있는 능력이 생깁니다. 내가 가장 좋아하는 것이나 싫어하는 것 10가지를 뽑아 보는 것도 좋아요. 각각에 대해 좋아하거나 싫어하는 이유를 구체적으로 표현해서 써 내려가면 자신을 소개하는 글이 완성될 수도 있겠죠.

마지막으로, '내가 만약' 일기를 써 보세요. '내가 만약 대통령이라면? 하늘을 날 수 있다면? 구름이라면? 강아지라면?'처럼 재미있는 상상으로 문해력을 즐겁게 키울 수 있답니다.

19

물속으로 탐사를 떠나요

탐사

지표

기록

채집

서서히

젓다

개선

드러나다

지키다

건지다

✏️ 새롭게 알게 된 단어에 표시해 보세요.

탐사
알려지지 않은 사물이나 사실을
샅샅이 더듬어 조사함
이번 주제는 '우리 강
탐사하기'예요.

채집
널리 찾아서 얻거나 캐거나
잡아 모으는 일
여러분 모두 흩어져서
다양한 쓰레기를
채집해 오세요.

지표
방향이나 목적,
기준을 나타내는 표시나 특징
환경 보호를 이번 탐사의
지표로 삼아요.

서서히
동작이나 태도가 급하지 않고 느리게
지구가 서서히
병들어 가고 있어요.

기록
미래에 남길 목적으로
어떤 사실을 적음
우리가 보고 느낀 것들을
기록으로 남겨요.

젓다
배를 움직이기 위해 노를
일정한 방향으로 계속 움직이다
배를 저어 앞으로
나가야 해요.

드러나다
가려 있거나 보이지 않던 것이
보이게 되다
안개가 걷히자
쓰레기 산이
드러났어요.

지키다
재산, 안전 등을 잃지 않도록
보호하여 막다
환경을 지키는
활동을 시작했어요.

건지다
물속에 있는 것을 집어내거나 끌어내다
물에 떠다니는 일회용품을
건져 냈어요.

개선
잘못된 것이나 부족한 것을
고쳐 더 좋게 만듦
환경을 위해 개선할
점을 찾아봐요.

✔️ 그림을 보고 [보기]에서 알맞은 단어를 골라 빈칸에 써 보세요.

보기	젓다, 지키다, 채집, 기록

 ①

 ②

 ③

 ④

1 밑줄 친 말과 바꾸어 쓸 수 있는 낱말을 골라 ○표 하세요.

시냇물 속에서 예쁜 자갈을 **건져냈다.**

· ·

배에서 노를 열심히 **저었다.**

꺼냈다

구조했다

빠뜨렸다

 휘저었다

 내저었다

 흔들었다

2 빈칸에 알맞지 <u>않은</u> 단어를 골라 V표 하세요.

① 부모님의 유익한 말씀을 내 삶의 _____ (으)로 삼았다.

[ ] 지표   [ ] 기준   [ ] 어림   [ ] 잣대

② 갯벌에 바닷물이 _____ 차오른다.

[ ] 드문드문   [ ] 조금씩   [ ] 서서히   [ ] 천천히

3 빈칸에 알맞은 단어를 넣어 문장을 완성해 보세요.

① 여름에 친구들과 곤충 을 했다.

② 오늘 있었던 일을 일기장에 하자.

1 다음 중 빈칸에 '개선'을 쓸 수 없는 문장을 고르세요.

① 둘이 그만 싸우고 관계를 _____하는 건 어떨까?

② 전쟁이 끝나고 _____장군이 돌아왔다.

③ 우리 반의 문제를 _____하기 위한 회의가 열렸다.

④ 선거가 끝나고 _____ 결과 3번 후보가 당선되었다.

2 밑줄 친 단어의 뜻을 [보기]에서 찾아 기호를 써 보세요.

> **보기**
> ㉠ 재산, 안전 등을 잃지 않도록 보호하여 막다
> ㉡ 규정, 약속, 법 등을 어기지 않고 그대로 실행하다

① 오늘 정한 학급 규칙은 모두 꼭 **지킵시다.** ☐

② 보물을 누가 훔쳐 가지 않도록 잘 **지키세요.** ☐

3 밑줄 친 단어의 뜻에 맞는 말을 괄호에서 골라 ○표 하세요.

① 겉옷을 벗으니 반팔을 입은 친구의 팔이 **드러났다.**

➡ 가려 있거나 보이지 않던 것이 (보이게 되다 / 안 보이게 되다)

② 내일이면 우리의 첫 수중 **탐사**가 시작된다.

➡ (알려져 있는 / 알려지지 않은) 사물이나 사실을 샅샅이 더듬어 조사함

1 다음 글을 읽고, 아래의 뜻이 설명하는 단어를 글에서 찾아 써 보세요.

> 환경 보호를 이번 탐사의 지표로 삼자는 친구들과 함께 '우리 강 탐사하기'란 주제로 환경을 지키는 활동을 시작했다. 쓰레기 채집을 위한 도구를 챙기고, 기록하기 위한 공책도 준비했다. 배를 저어 앞으로 나가며 물에 떠다니는 일회용품들을 건져냈다. 서서히 내리는 빗방울을 뒤로한 채 계곡의 하류로 이동했다. 물살이 센 곳을 지나가니 말로만 듣던 쓰레기 산이 드러났다. 그 모습을 보니 환경을 위해 개선할 점과 내가 해야 할 일이 더욱 명확해졌다.

동작이나 태도가 급하지 않고 느리게　　□□□

2 다음 대화의 빈칸에 공통으로 들어갈 단어를 써 보세요.

현서 왜 환경지킴이 활동을 시작하기도 전에 앓는 _____만 하는 거야?

한별 그러는 너는 항상 입에 발린 _____만 하는 것 같은데?

선호 두 손뼉이 맞아야 _____가 난다더니! 너희 둘은 어쩜 그렇게 매일 다투니.

3 다음 대화를 읽고, 빈칸에 들어갈 알맞은 속담을 고르세요.

한솔 지금 배가 왜 한쪽으로만 계속 이동하는 것 같지?

해담 나 쳐다보지 마! 나는 계속 노 저었어! 한솔이 너 아니야?

한솔 난 네가 노를 안 저었다고 한 적 없는데 _____ 네가 안 젓고 있었구나?

해담 그래. 사실 나 때문이야. 열심히 노를 저을게.

① 도둑이 제 발 저린다더니!　　　② 독 안에 든 쥐구나!

③ 미운 놈 떡 하나 더 준다더니!　　④ 병 주고 약 준다더니!

⑤ 바늘 도둑이 소도둑 된다더니!

오늘의 사자성어

청 출 어 람

青	出	於	藍
푸를 청	날 출	조사 어	쪽 람

청출어람! 혹시 들어본 사자성어인가요? 청출어람은 '쪽'에서 나온 푸른색이 원래의 '쪽'보다 더 푸르다는 뜻이에요. 뜻을 이해하기 위해서 '쪽'에 대해 알아봐야겠군요. '쪽'은 한해살이 풀인데, 그 잎으로 푸른색 물감을 만들어요. 옛날에는 천에 직접 만든 물감으로 염색을 해서 옷에 색깔을 내곤 했죠. 그런데 신기하게도 '쪽'이라는 풀 자체보다 이것으로 만든 물이 더 파랗다고 합니다.

그럼, 이건 언제 쓰는 한자성어일까요? 스승에게 배운 제자가 오히려 스승보다 더 뛰어난 학식을 갖추었을 때 사용합니다. 친구가 곱셈 구구를 어려워해서 알려 주었더니 오히려 나보다 잘했을 때, 부모님께 덧셈을 배웠는데 내가 부모님보다 더 문제를 빨리 풀 때도 사용할 수 있어요.

재미있는 과학 실험

주입

쥐다

사방

매달다

반사

두드리다

방음

떠내려가다

지형

경사

✏️ 새롭게 알게 된 단어에 표시해 보세요.

주입

흘러 들어가도록 부어 넣음

주사기에 공기를
주입했어요.

매달다

줄이나 끈, 실 등으로
잡아매어 달려 있게 하다

풍선에 바람을 넣어 벽에
매달아요.

쥐다

손가락을 다 오므려 힘 있게 잡다

물은 꽉 쥐어도
잡히지 않아요.

반사

나아가던 파동이 물체에 부딪쳐
방향이 반대로 바뀜

빛이 거울에 반사되어
눈이 부셔요.

사방

여러 곳

공기는 사방으로
움직여요.

경사

비스듬히 기울어짐

경사진 모래에 물을 부으면
모래가 흘러내려요.

떠내려가다

물 위에 떠서 물결을 따라 옮겨가다

비가 내리면 물과 흙이
함께 떠내려가요.

지형

땅의 생긴 모양

지역마다 환경에 따라
지형이 달라요.

두드리다

소리가 나도록 잇따라
치거나 때리다

악기를 두드리면
소리가 퍼져나가요.

방음

소리가 밖으로 나가거나
들어오지 못하게 막음

이 방음 시설은
소리가 새어 나가지
못하게 해요.

✅ 빈칸에 들어갈 단어로 알맞은 것을 이어 보세요.

① 튜브에 공기를 [ ][ ] 하다. • • 주입

② 우리 녹음실은 [ ][ ] 이(가) 잘 된다. • • 경사

③ 귀신이 나타나자 모두 [ ][ ] (으)로 흩어졌다. • • 사방

④ 이 산은 가파른 [ ][ ] (으)로 유명하다. • • 방음

1 뜻에 알맞은 단어를 찾아 선으로 연결하고 빈칸에 써 보세요.

떠	내	려	가	다
올	졸	다	은	호
리	이	매	달	다
다	환	쥐	선	수
무	디	다	아	찬

① ☐ ☐ ☐ : 줄이나 끈, 실 등으로 잡아매어 달려 있게 하다

② ☐ ☐ : 손가락을 다 오므려 힘 있게 잡다

③ ☐ ☐ ☐ ☐ ☐ : 물 위에 떠서 물결을 따라 옮겨가다

2 다음 문장이 완성되도록 괄호 안에서 알맞은 단어를 골라 보세요.

① 이 방은 (방음 / 방역)이 잘 되어 소리가 새어 나가지 않는다.

② 대한민국의 (지위 / 지형)은(는) 동쪽이 높고 서쪽이 낮다.

③ 거울은 빛을 (반사 / 반복)시키는 특징이 있다.

3 밑줄 친 부분과 바꾸어 쓸 수 <u>없는</u> 단어를 골라 ○표 하세요

그는 사방을(를) 돌아다니며 여행을 했다.

➡ 여기저기 / 사방팔방 / 곳곳 / 근처

1 주어진 단어의 뜻을 참고해 문장의 빈칸에 알맞은 말을 써 보세요.

> • 주입: 흘러 들어가도록 부어 넣음
> • 주목: 관심을 가지고 주의 깊게 살핌
> • 주의: 마음에 새겨 두고 조심함

① 앞에 있는 선생님을 _____해 주세요.

② 주사기에 약물을 _____했다.

③ 계곡에서는 다칠 수 있으니 항상 _____하세요.

2 밑줄 친 단어의 뜻을 [보기]에서 골라 기호를 써 보세요.

> 보기
> ㉠ 비스듬히 기울어짐
> ㉡ 축하할 만한 기쁜 일

① 여기는 **경사**가 심해서 오르기 힘들어 보여. ☐

② 아빠가 개발한 제품이 해외로 수출되었어. **경사** 났네! ☐

③ 완만한 **경사**를 지나면 평평한 길이 나올 거야. ☐

3 밑줄 친 부분과 바꾸어 쓸 수 있는 말을 [보기]에서 찾아 문장을 다시 써 보세요.

> 보기
> 때려, 안마해, 두들겨, 도드라져

집 안에 누가 있는지 문을 **두드려** 봐.

➡

1 이 글을 읽고, 알게 된 내용으로 알맞지 않은 것을 고르세요.

> 재미있는 과학 실험을 통해 새로운 사실을 배워 보자. 우선, 공기에 관한 실험을 통해서는 다음 내용을 알 수 있다. 공기에도 무게가 있다는 사실은 페트병에 공기 주입 마개를 끼워 공기를 채워 보면 알 수 있다. 로켓에 풍선을 매달아 바람을 집어넣고, 쥐었던 손을 펴면 로켓이 앞으로 나아간다. 공기는 사방으로 움직이는 특징이 있다. 경사진 모래에 물을 붓는 실험을 통해서는 물과 흙이 함께 떠내려가는 모습과 새로운 지형이 생겨나는 모습을 볼 수 있다. 이때 내리쬐는 강한 빛은 모래에 반사되어 눈이 부시다. 방음 시설을 설치하고 악기나 물건을 두드려 보는 실험에서는 소리의 전달을 막을 수 있는 장치가 있다는 사실을 깨닫게 된다.

① 공기도 무게가 있다.
② 모래는 빛을 반사시킨다.
③ 방음 시설은 소리의 전달을 막는다.
④ 공기는 위로만 움직이는 성질이 있다.
⑤ 흐르는 물은 지형을 변화시키기도 한다.

2 다음 중 밑줄 친 표현을 올바르게 사용하지 않은 것을 골라 V표 하세요.

① 나는 **하늘이 두 쪽이 나도** 이 실험을 끝까지 해 볼 거야! ☐

② 공기도 무게가 있다는 사실은 **두말하면 잔소리지**. ☐

③ 철수는 친구들에게 모범이 되고 있어. 실습 시간에 **두 손을 맞잡고 앉아 있거든**. ☐

3 서로 비슷한 뜻을 지닌 단어끼리 묶인 것을 고르세요.

> ㉠ 매달다 – 걸다   ㉡ 쥐다 – 놓다
> ㉢ 두드리다 – 더디다   ㉣ 떠내려가다 – 쓸려가다

① ㉠, ㉡   ② ㉠, ㉣   ③ ㉡, ㉢

④ ㉡, ㉣   ⑤ ㉢, ㉣

도덕성을 기르는 버츄 프로젝트

버츄(Virtue) 프로젝트란 '태어날 때부터 나쁜 아이는 없다'라는 생각에서 시작된 프로젝트입니다. virtue는 우리말로 '미덕'이라고 하지요. 여러분 마음속에는 모두 52 개의 가공되지 않은 보석이 있는데요, 이 버츄 프로젝트를 통해 마음속 보석을 세공 하면 멋진 보석으로 자라날 수 있다는 내용입니다.

다음 두 가지 활동을 집에서 해 보세요. 우선, 미덕 나무를 만들어 보세요. 가족 이 함께 큰 나무를 그린 후 52가지의 미덕 열매를 직접 그리고 잘라서 붙여 보세요. 가족 게시판에 전시하여 항상 마음에 되새기는 기회를 가져보세요.

그리고 미덕 글쓰기 활동을 해 보세요. 미덕 글쓰기는 52 가지의 미덕 중 1가지를 정해 자신과 관련된 경험 혹은 앞 으로 하고 싶은 일과 관련해서 쓰는 활동입니다. 미덕 글쓰기는 심리적 안정감과 문해력 향상이라는 두 마리 토끼를 모두 잡을 수 있게 해 줍니다. 여러분이 쓴 글을 가족이 함께 읽어 보며 생각을 나누는 것도 좋아요.

52가지 미덕 감사, 결의, 겸손, 관용, 근면, 기뻐함, 기지, 끈기, 너그러움, 도움, 명예, 믿음직함, 배려, 봉사, 사랑, 사려, 상냥함, 소신, 신뢰, 신용, 열정, 예의, 용기, 용서, 우의(친구 사이의 도리), 유연성, 이상 품기, 이해, 인내, 인정, 자율, 절도, 정돈, 정의로움, 정직, 존중, 중용, 진실함, 창의성, 책임감, 청결, 초연, 충직, 친절, 탁월함, 평온함, 한결같음, 헌신, 협동, 화합, 확신

정답과 해설

[어휘와 만나기]

① 외딴   ② 당선   ③ 요란하다   ④ 습지

[어휘와 친해지기]

1. 습지 – 늪   생명체 – 생물
    ▶ 진물: 부스럼이나 상처 따위에서 흐르는 물

2. ① 고요하다   ② 부당한
    ▶ 고요하다: 조용하고 잠잠하다
       부당한: 이치에 맞지 않는

3. ① 당선   ② 글썽였다

[어휘 공부하기]

1. ③
    ▶ ③에는 '제외'가 적절합니다. '제외'는 '따로 떼어내어 한데 헤아리지 아니함'이라는 뜻입니다.

2. ① ㉡   ② ㉠

3. ① 시원시원한   ② 홀로 따로 떨어져 있는

[어휘 확장하기]

1. 당선

2. 머리
    ▶ 머리를 숙이다: 마음속으로 탄복하여 수긍하거나 경의를 표하다
       머리를 굴리다: 머리를 써서 해결 방안을 생각해 내다
       머리가 굳다: 기억력이 무뎌지다

3. ①
    ▶ 우물에 가서 숭늉 찾기: 모든 일에는 순서와 차례가 있다
       울며 겨자 먹기: 하기 싫은 일을 억지로 함
       쥐구멍에도 볕 들 날이 있다: 고생하는 삶도 좋은 일이 있을 때가 온다
       소문난 잔치에 먹을 것 없다: 큰 기대에 비해 실속이 없거나 소문이 실제와 다르다
       벼룩의 간을 빼먹다: 어려운 처지에 있는 사람에게 무언가를 더 빼앗다

[어휘와 만나기]

① 기증   ② 부담   ③ 조화   ④ 본디

[어휘와 친해지기]

1. ① 섭섭하다   ② 망설이다   ③ 일렁이다

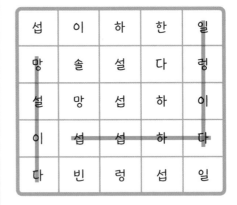

섭	이	하	한	일
망	솔	설	다	렁
설	망	섭	하	이
이	섭	섭	하	다
다	빈	렁	섭	일

2. ① 부담   ② 초조   ③ 무렵

3. 소중하다
    ▶ 소중하다: 매우 귀중하다

[어휘 공부하기]

1. ① 기생   ② 기증   ③ 기여

2. ① ㉠   ② ㉡   ③ ㉢

3. 무엇을 먹을지 머뭇거리다 5분이나 지나버렸다.
    ▶ 덤벙대다: 들뜬 행동으로 아무 일에나 자꾸 함부로 서둘러 뛰어들다

[어휘 확장하기]

1. ②
    ▶ 글쓴이는 세 살 때 부모님께 그림을 물려받았다고 했습니다.

2. ③
    ▶ 눈과 귀가 쏠리다: 마음이 끌리어 열심히 듣거나 보다
       눈코 뜰 새 없다: 정신 못 차리게 몹시 바쁘다
       눈이 핑핑 돌아가다: 생각이 따라가지 못할 만큼 바쁘거나 빠르다

3. ④

▶ 모순: 어떤 사실의 앞뒤가 맞지 않음

기념: 뜻깊은 일이나 훌륭한 인물을 잊지 아니하고 오래 마음에 간직함

[어휘와 만나기]

① 말귀 ② 누명 ③ 당당 ④ 바짝

[어휘와 친해지기]

1. 부

▶ 부정행위: 올바르지 못한 행동

2. 몰다(또는 '몬다'), 미어진다

3.

	비슷한 말	반대말
머무르다	체류하다	떠나다
당번	당직	비번

▶ 비번: 당번을 설 차례가 아님

[어휘 공부하기]

1. ⑤

▶ 칭얼대다: 몸이 불편하거나 마음에 못마땅하여 짜증을 내며 자꾸 중얼거리거나 보채다

방긋대다: 입을 약간 벌리며 소리 없이 가볍게 웃다

나무라다: 상대방의 잘못이나 부족한 점을 꼬집어 말하다

주름잡다: 모든 일을 자기가 하고 싶은 대로 주동이 되어 처리하다

2. 가까이, 세계

3. ④

▶ ④는 '미어진다'를 쓰는 것이 적절합니다.

① 손흥민 선수가 공을 몰자 주변 사람들이 환호성을 질렀다.

② 슬픈 영화를 보니 가슴이 미어진다.

③ 새로 산 자동차를 몰고 여행을 떠났다.

[어휘 확장하기]

1. ⑤

▶ 글에서 선생님은 아직 교실에 오시지 않았습니다.

2. ①

▶ 미운털이 박히다: 남달리 밉게 보다

머리털이 곤두서다: 무섭거나 놀라서 날카롭게 신경이 긴장되다

털끝도 못 건드리다: 조금도 손을 대지 못하다

3. 얼굴
   ▶ 얼굴이 두껍다: 부끄러움을 모르고 염치가 없다
   얼굴을 들다: 거리낌 없이 남을 떳떳하게 대하다

[어휘와 만나기]

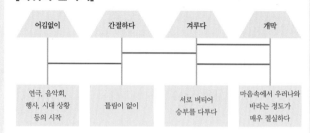

어김없이	간절하다	겨루다	개막
연극, 음악회, 행사, 시대 상황 등의 시작	틀림이 없이	서로 버티어 승부를 다투다	마음속에서 우러나와 바라는 정도가 매우 절실하다

(사다리 선은 예시 답안입니다.)

[어휘와 친해지기]

1. ① 발굴   ② 덥석   ③ 거만

2. 대
   ▶ 대신: 어떤 대상의 자리나 구실을 바꾸어 새로 맡음
   교대: 어떤 일을 여럿이 나누어서 차례에 따라 맡아 함

3. ① ㉡   ② ㉠

[어휘 공부하기]

1. 우연히
   ▶ '우연히'는 어떤 일이 뜻하지 않게 저절로 이루어질 때 쓰입니다. 매번 발생하는 일에는 쓰이지 않습니다.

2. 매듭
   ▶ '매듭'에는 '실이나 끈을 매어 마디를 이룬 것'이라는 뜻도 있습니다.
   매듭짓다: ① 노, 실, 끈 따위를 잡아매어 마디를 만들다
   ② 어떤 일을 순서에 따라 마무리하다
   단락: 일이 어느 정도 다 된 끝
   실마리: 일이나 사건을 풀어 나갈 수 있는 첫머리

3. ①
   ▶ ② '그립다'는 '보고 싶거나 만나고 싶은 마음이 간절하다'를 뜻합니다.
   ③ '중단'은 '중도에서 끊어지거나 끊음'을 뜻합니다.

[어휘 확장하기]

1. 거만

2. ①

▶ '티끌 모아 태산'은 '아무리 작은 것이라도 모이고 모이면 나중에 큰 덩어리가 됨'을 뜻합니다.

3. ④

▶ ④에는 '겉으로 빙빙 돌리지 말고'라는 표현이 적절합니다. 다른 문장에는 '속'이 들어가는 것이 적절합니다.

속이 시원하다: 뜻대로 이루어지거나 걱정이 사라져 후련하다

속이 탄다: 걱정되어 마음이 불편하다

속이 보이다: 속마음이 들여다보이다

겉으로 빙빙 돌다: 핵심을 파헤치지 못하고 주변적인 것만 언급하다

속이 풀리다: 거북했던 배 속이 가라앉다

[어휘와 만나기]

① 의좋은   ② 처방   ③ 따끔   ④ 예방

[어휘와 친해지기]

1. 증세 - 증상   지시 - 명령

▶ 망명: 박해를 받을 위험 있는 사람이 이를 피하기 위하여 외국으로 몸을 옮김

수명: 생물이 살아 있는 햇수

2. ① 더부룩하지   ② 매정하기로

▶ 더부룩하다: 소화가 잘 안 되어 배 속이 거북하다

매정하다: 얄미울 정도로 쌀쌀맞고 인정이 없다

3. ① 예방   ② 간호

[어휘 공부하기]

1. ④

▶ ④에는 '처분'이 적절합니다. 처분은 '처리하여 치움'이라는 뜻입니다.

2. ① ㉠   ② ㉡

3. ① 모자람 없이 넉넉함

② 이치나 조건에 맞지 아니하게 강제로

[어휘 확장하기]

1. 의좋은

2. 숨

▶ 숨이 가쁘다: 어떤 일이 몹시 힘에 겹거나 급박하다

숨이 턱에 닿다: 몹시 숨이 차다

숨 돌리다: 가쁜 숨을 가라앉히다

3. ②

▶ 소문난 잔치에 먹을 것 없다: 떠들썩한 소문이나 큰 기대에 비해 실속이 없다

쇠뿔도 단김에 빼다: 망설임 없이 바로 행동에 옮기다

밑 빠진 독에 물 붓기: 아무리 애를 써도 보람이 없는 일

배보다 배꼽이 더 크다: 기본이 되는 것보다 덧붙이는 것이 더 많다

보기 좋은 떡이 먹기도 좋다: 내용도 중요하지만 겉모양새도 중요하다

[어휘와 만나기]

① 기후   ② 불볕   ③ 쓸모   ④ 흡수

[어휘와 친해지기]

1.   ① 탐스럽다   ② 평평하다   ③ 무진장하다

무	진	평	무	탐
탐	섭	쓸	진	럽
스	후	흡	장	품
럽	평	평	하	다
다	장	경	다	풍

2.   ① 풍경   ② 소품   ③ 밑동

  ▶ 풍채: 드러나 보이는 사람의 겉모양

   소심: 대담하지 못하고 조심성이 지나치게 많음

   외동: 단 하나뿐인 자식

3.   불필요한

[어휘 공부하기]

1.   ① 기분   ② 기후   ③ 기승

2.   ① ㉠   ② ㉡   ③ ㉠

3.   전 세계에 맛있는 음식은 <u>무궁무진하다</u>.

[어휘 확장하기]

1.   ③

  ▶ 나무를 베고 남은 부분이 '밑동'입니다.

2.   ①

  ▶ 엉덩이를 붙이다: 자리를 잡고 앉다

   엉덩이가 근질근질하다: 한 군데 가만히 앉아 있지 못하고 자꾸 일어나 움직이고 싶어 하다

   엉덩이가 가볍다: 한자리에 오래 있지 않고 자리를 뜨다

   엉덩이가 구리다: (방귀 뀌어 구린내가 난다는 뜻으로) 잘못을 저지른 장본인 같다

3.   ②

  ▶ 흡혈: 피를 빨아들임

[어휘와 만나기]

① 보관   ② 탑승   ③ 관제   ④ 정비

[어휘와 친해지기]

1. 탐
   ▶ 탐험: 위험을 무릅쓰고 어떤 곳을 찾아가 살펴보고 조사함
   탐정: 드러나지 않은 사정을 몰래 살펴 알아내는 일을 하는 사람

2. 전망, 정비
   ▶ '전망'은 '앞날을 헤아려 내다봄'이라는 뜻도 있어요.

3.

	비슷한 말	반대말
수행	실행	불이행
머금다	물다	내뿜다

[어휘 공부하기]

1. ②
   ▶ 노선: 일정한 두 지점을 정기적으로 오가는 교통선
   부문: 일정한 기준에 따라 분류해 놓은 낱낱의 범위
   변동: 바뀌어 달라짐
   변천: 세월의 흐름에 따라 바뀌고 변함

2. 멀리, 내다보이는

3. ④
   ▶ ④는 '조정'을 쓰는 것이 적절합니다. '조정'은 '어떤 기준이나 실정에 맞게 정돈한다'는 뜻입니다.
   ① 홍수 피해를 막기 위한 하천 정비 사업이 시작되었다.
   ② 시험 전날에는 컨디션 조절이 필수다.
   ③ 살을 빼려면 식사량 조절이 필요하다.

[어휘 확장하기]

1. ⑤
   ▶ 승객은 기내(비행기 안)에서 위급상황 대처법을 교육 받습니다.

2. ①
   ▶ 손을 내밀다: 무엇을 달라고 요구하거나 구걸하다

손이 크다: 씀씀이가 후하고 크다

손을 놓다: 하던 일을 중도에 그만두다

3. 허리
   ▶ 허리띠를 졸라매다: 검소한 생활을 하다
   허리가 휘다: 감당하기 어려운 일을 하느라 힘에 부치다
   허리를 굽히다: 정중히 인사하다

[어휘와 만나기]

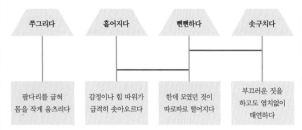

(사다리 선은 예시 답안입니다.)

[어휘와 친해지기]

1. ① 갈피 ② 시샘 ③ 맴돌다
   ▶ '맴돌다'는 '어떤 대상의 주변을 원을 그리면서 빙빙 돌다'
   라는 뜻도 있습니다.

2. 조
   ▶ 조정: 어떤 기준이나 실정에 맞게 정돈함
   조제: 여러 가지 약품을 적절히 조합하여 약을 지음

3. ① ㉡ ② ㉠ ③ ㉢

[어휘 공부하기]

1. 투지
   ▶ '투지'는 '싸우고자 하는 굳센 마음'이라는 뜻입니다.

2. 조율
   ▶ '조율'은 '악기의 음을 표준음에 맞추어 고름'이라는 뜻도 있
   습니다.
   조작: 어떤 일을 사실인 듯이 꾸며 만듦
   조달: 자금이나 물자 따위를 대어 줌
   조화: 서로 잘 어울림

3. ③
   ▶ '가라앉다'는 '물 위에 떠 있는 것이 밑바닥으로 내려앉는
   다'는 뜻입니다.
   '솟구치다'는 '아래에서 위로, 또는 안에서 밖으로 세차게
   솟아오르다'의 뜻도 있습니다.

[어휘 확장하기]

1. 갈피

2. ③
   ▶ 다른 속담들은 모두 '협동의 중요성'을 말하고 있습니다. 하
   지만 '사공이 많으면 배가 산으로 올라간다'는 속담은 '자기
   주장만 내세우면 일이 제대로 되지 않는다'는 뜻입니다.

3. ④
   ▶ 다른 속담은 모두 말의 중요성을 말하고 있습니다. 하지만
   '가는 말에 채찍질 한다'는 속담은 '열심히 하고 있는데도
   더 빨리하라고 독촉한다'라는 뜻입니다.

[어휘와 만나기]

① 극본   ② 입장   ③ 빽빽한   ④ 관람

[어휘와 친해지기]

1. 극본 – 각본

   스며들었다 – 파고들었다

   ▶ 사본: 원본을 사진으로 찍거나 복사하여 만든 책이나 서류

   근본: 사물의 본질이나 본바탕

   추궁하다: 잘못한 일을 엄하게 따져서 밝히다

2. ① 상세하게   ② 내리쬐자

   ▶ 상세하다: 낱낱이 자세하다

   내리쬐다: 볕이 세차게 아래로 비치다

3. ① 관람   ② 땋다

[어휘 공부하기]

1. ④

   ▶ ④에는 '반사'가 적절합니다. '반사'는 '어떤 대상이 다른 대
   상에 부딪쳐 되돌아오는 현상'이라는 뜻입니다.

2. ① ㄱ   ② ㄴ

3. ① 지나치게 불려서

   ② 실제로 체험하는 듯한

[어휘 확장하기]

1. 빽빽하다

2. 등

   ▶ 등을 지다: 관계를 끊거나 멀리하다

   등을 떠밀다: 일을 억지로 시키거나 부추기다

   발등에 불이 떨어지다: 일이 몹시 절박하게 닥치다

3. ①

   ▶ 간이 콩알만 해지다: 몹시 두려워지거나 무서워지다

   간에 기별도 안 간다: 먹는 것이 너무 적어 먹으나 마나
   하다

   간에 가 붙고 쓸개에 가 붙는다: 이익이나 상황에 따라 이
   리저리 언행을 바꾸다

벼룩의 간을 빼먹다: 어려운 처지에 있는 사람한테서 무언
가를 뺏다

바늘 가는 데 실 간다: 서로 떼려야 뗄 수 없는 깊은 사이
이다

[어휘와 만나기]

① 점검   ② 수출   ③ 분해   ④ 적성

[어휘와 친해지기]

1. ① 줄짓다   ② 당기다   ③ 끈끈하다

줄	당	손	끈	줄
기	짓	엽	끈	짓
던	가	당	기	다
끈	끈	하	다	당
깡	꾼	해	도	바

2. ① 분해   ② 관세   ③ 수출
   ▶ 분명: 틀림없이 확실하게
      난관: 일을 하여 나가면서 부딪치는 어려운 고비
      배출: 안에서 밖으로 밀어 내보냄

3. 자라다

[어휘 공부하기]

1. ① 적중   ② 적성   ③ 적용

2. ① ㄴ   ② ㄱ   ③ ㄷ

3. 사고 예방을 위해 미리 안전 검사를 실시해야 한다.

[어휘 확장하기]

1. ④
   ▶ 무역은 국가 간의 끈끈한 관계가 중요하다고 글에 나와 있습니다.

2. ①
   ▶ 팔을 걷어붙이다: 무슨 일에 적극적이다
      팔이 안으로 굽다: 혈연이나 친한 사람쪽으로 마음이 기울다
      질색팔색하다: 매우 싫어하거나 꺼리다

3. ②
   ▶ 수입: 다른 나라의 상품이나 기술을 국내로 사들임
      떠나다: 있던 곳에서 다른 곳으로 옮기다

[어휘와 만나기]

① 잔뜩   ② 으뜸   ③ 제철   ④ 골칫거리

[어휘와 친해지기]

1. 착

▶ 착잡하다: 갈피를 잡을 수 없이 뒤섞여 어수선하다
착시: 시각적인 착각 현상

2. 동원, 짓무른

3.

	비슷한 말	반대말
으뜸	최고	꼴찌
경쾌	가뿐함	무거움

[어휘 공부하기]

1. ①

▶ 소일거리: 그럭저럭 세월을 보내기 위해 심심풀이로 하는 일
뒤치다꺼리: 일이 끝난 뒤에 뒤끝을 정리하는 일
사정거리: 탄알, 포탄, 미사일 등이 발사되어 도달할 수 있는 곳까지의 거리

2. 설익은, 거세고

3. ④

▶ ④는 '쓰다'를 쓰는 것이 적절합니다. '쓰다'는 '혀로 느끼는 맛이 한약이나 씀바귀의 맛과 같다'는 뜻입니다.
① 빗자루로 책상 주변을 쓸었다.
② 하얗고 긴 수염을 쓸었다.
▶ '쓸다'가 '가볍게 쓰다듬거나 문지르다'는 뜻으로 쓰였습니다.
③ 전염병이 쓸고 간 자리에는 어둠이 가득하다.
▶ '쓸다'가 '전염병이나 태풍, 홍수 따위가 널리 피해를 입히다'는 뜻으로 쓰였습니다.
④ 좋은 약은 입에 쓰다.

[어휘 확장하기]

1. ④

▶ 짓무른 감은 팔기 어렵다고 글에 나와 있습니다.

2. 금강산도 식후경

▶ 금강산도 식후경: 아무리 재미있는 일이라도 배가 부르고 나야 흥이 난다

3. 게

▶ 게 눈 감추듯: 음식을 허겁지겁 빨리 먹어 치움
지는 게 이기는 거다: 수준 낮은 상대에게 굳이 맞서기보다는 너그럽게 양보하는 것이 이기는 것이다
가재는 게 편: 모양이나 형편이 비슷한 것끼리 서로 잘 어울림

[어휘와 만나기]

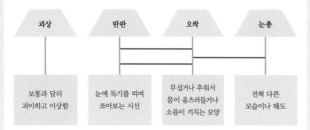

(사다리 선은 예시 답안입니다.)

[어휘와 친해지기]

1. ① 온데간데없다 ② 휘둥그레지다 ③ 다물다

2. 딴
   ▶ 딴청: 어떤 일을 하는 데 그 일과는 전혀 관계없는 일이나 행동
   딴소리: 미리 정해진 것이나 본래 뜻에 어긋나는 말

3. ① ㉠ ② ㉡ ③ ㉢

[어휘 공부하기]

1. 대범한
   ▶ 대범하다: 성격이나 태도가 사소한 것에 얽매이지 않고 너그럽다

2. 내팽개치면
   ▶ '내팽개치다'는 '일 따위에서 손을 놓다'라는 뜻도 있습니다.
   방관하다: 어떤 일에 직접 나서서 관여하지 않고 곁에서 보기만 하다
   방치하다: 내버려두다
   간섭하다: 직접 관계가 없는 남의 일에 부당하게 참견하다

3. ②
   ▶ 영특하다: 남달리 뛰어나고 훌륭하다
   으쓱: 갑자기 어깨를 한 번 들먹이는 모양
   눈매: 눈이 생긴 모양새

[어휘 확장하기]

1. 눈총

2. ④

▶ ④는 '사람의 속마음을 알기 어렵다'는 뜻입니다.
   우물에 가서 숭늉 찾는다: 일의 순서도 모르고 성급하게 덤빈다

3. 주먹을 불끈 쥐었다
   ▶ '갑자기 주먹을 꼭 쥐며 무엇에 대한 결의를 나타내다'라는 뜻입니다.

[어휘와 만나기]

① 동등 ② 면담 ③ 다정 ④ 생김새

[어휘와 친해지기]

1. 통
   ▶ 통행: 일정한 장소를 지나다님
     통과: 어떤 장소나 때를 거쳐서 지나감
     요금: 사용한 대가로 내는 돈

2. 섭섭, 의지

3.

	비슷한 말	반대말
다정	다감	비정
동등	동급	차이
거칠다	괄괄하다	온순하다

   ▶ 괄괄하다: 성질이 세고 급하다

[어휘 공부하기]

1. ①
   ▶ 시선: 눈이 가는 길 또는 눈의 방향

2. 감정, 기색

3. ④
   ▶ ④는 '걷히다'를 쓰는 것이 적절합니다. '걷히다'는 '구름이나 안개 따위가 흩어져 없어진다'는 뜻입니다.
     ① 이 터널은 옆 동네로 통한다.
     ② 우리 할머니의 손은 거칠다.
     ③ 가민이와 나는 뜻이 잘 통한다.

[어휘 확장하기]

1. ④
   ▶ 어려운 일은 서로 의지해 이겨내자고 쓰여 있습니다.

2. ③
   ▶ 꿩 대신 닭: 적당한 것이 없을 때 비슷한 것으로 대신함
     내 코가 석자: 내 사정이 급하고 어려워 남을 돌볼 여유가 없음

   개밥에 도토리: 따돌림을 받거나 여러 사람들 사이에 끼지 못하는 사람
   고양이 목에 방울 달기: 실행하기 어려운 일을 괜히 이야기함

3. 똥
   ▶ 개똥도 약에 쓰려면 없다: 평소 흔하던 것도 막상 쓰려고 하면 없다
     아끼다 똥 된다: 물건을 너무 아끼기만 하다가는 잃어버리거나 못 쓰게 된다

14. 우리 고장을 소개합니다. 89~93쪽

[어휘와 만나기]

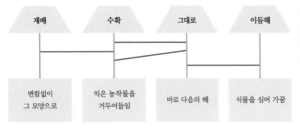

재배	수확	그대로	이듬해
변함없이 그 모양으로	익은 농작물을 거두어들임	바로 다음의 해	식물을 심어 가꿈

(사다리 선은 예시 답안입니다.)

[어휘와 친해지기]

1. ① 재배 ② 조선소 ③ 가축

2. 구
   ▶ 인구: 일정한 지역에 사는 사람의 수

3. ① ㉡ ② ㉢ ③ ㉠

[어휘 공부하기]

1. 궁한
   ▶ '궁하다'는 '가난하고 어렵다'는 뜻입니다.
   지하자원: 석탄, 철 등과 같이 땅에 묻혀 있는 자원

2. 수확
   ▶ '수확'은 '어떤 일을 하여 얻은 성과'를 비유적으로 표현할 때도 쓰입니다.
   수습: 어수선한 사태를 바로잡음
   수고: 일하느라 힘들이고 애씀
   수거: 거두어 감

3. ③
   ▶ '부유하다'는 물 위나 물속, 또는 공기 중에 떠다니는 것을 표현할 때 쓰입니다.

[어휘 확장하기]

1. 이듬해

2. ③
   ▶ 오르지 못할 나무는 쳐다보지도 말라: 능력밖의 불가능한 일은 처음부터 욕심 내지 말라

3. 뛰는 놈 위에 나는 놈 있다
   ▶ 아무리 재주가 뛰어나더라도 그보다 더 뛰어난 사람이 있다는 뜻입니다.

15. 옛날 사람들은 어떻게 살았을까? 95~99쪽

[어휘와 만나기]

① 세시풍속 ② 일손 ③ 풍년 ④ 땔감

[어휘와 친해지기]

1. 엿보았다 – 훔쳐보았다
   일구었다 – 만들었다
   ▶ 벼르다: 마음속으로 준비를 단단히 하고 기회를 엿보다
   재배하다: 식물을 심어 가꾸다

2. ① 한때 ② 어리석게
   ▶ 한때: 어느 한 시기
   어리석게: 슬기롭지 못하고 둔하게

3. ① 일손 ② 풍년

[어휘 공부하기]

1. ②
   ▶ ②에는 '임기'가 적절합니다. 임기는 '임무를 맡아보는 일정한 기간'을 뜻합니다. '열기'는 뜻이 많은 단어입니다. '몸에 열이 있는 기운, 흥분한 분위기'라는 뜻도 있습니다.

2. ① ㉠ ② ㉡

3. ① 여럿이 조화를 ② 일정한 시기

[어휘 확장하기]

1. 일구다

2. 다리
   ▶ 두 다리를 뻗다: 걱정되거나 애쓰던 일이 끝나 마음을 놓다
   무지개다리를 건너다: (비유적으로 기르던 반려동물이) 죽다
   다리를 놓다: 두 명 또는 여러 명을 연결하다

3. ⑤
   ▶ 닭 쫓던 개 지붕 쳐다본다: 애써 하던 일이 실패로 돌아가 어찌할 수 없게 되다
   짖는 개는 물지 않는다: 겉으로 떠드는 사람은 실속이 없다
   똥 묻은 개가 겨 묻은 개 나무란다: 본인은 더 큰 흉이 있으면서 남의 작은 흉을 본다
   서당 개 삼 년이면 풍월을 읊는다: 어떤 분야에 전문 지식이 없어도 오래 하다 보면 저절로 지식이 쌓인다
   개 팔자가 상팔자: 놀고 있는 개가 부럽다

[어휘와 만나기]

① 평안 ② 기운 ③ 혼례 ④ 영향

[어휘와 친해지기]

1. ① 폐백 ② 시대 ③ 몰아내다

몰	홍	상	시	댁
은	폐	위	대	파
나	백	솔	닭	발
다	몰	아	내	다
폐	사	시	예	단

2. ① 영향 ② 혼례 ③ 축복
   ▶ 성향: 성질에 따른 경향
     사례: 말이나 선물로 상대에게 고마운 뜻을 나타냄
     명복: 죽은 뒤 저승에서 받는 복

3. 방정맞은
   ▶ 방정맞다: 몹시 까불어서 가볍고 점잖지 못하다

[어휘 공부하기]

1. ① 평균 ② 평범 ③ 평안

2. ① ㉡ ② ㉢ ③ ㉠

3. 부모님은 **변함없이** 나를 사랑해 주신다.
   ▶ 샅샅이: 빈틈없이 모조리

[어휘 확장하기]

1. ②
   ▶ 전통 혼례로 하는 사람도 있지만 대부분이 전통 혼례를 하
     는 건 아닙니다. 글에서는 이와 관련된 내용은 언급되지 않
     았습니다.

2. ②
   ▶ 발을 끊다: 관계를 끊다
     얼굴을 내밀다: 모임 등에 모습을 드러내다

얼굴이 두껍다: 부끄러움을 모르고 염치가 없다

3. ④
   ▶ 경향: 현상이나 행동이 한 방향으로 기울어짐
     재앙: 뜻하지 않게 생긴 불행한 사고
     태평: 마음에 아무 근심 걱정이 없음

[어휘와 만나기]

① 양심   ② 관리   ③ 기부   ④ 부족

[어휘와 친해지기]

1. 몰
   ▶ 침몰하다: 물속에 가라앉다

2. 관리, 기부

3.

	비슷한 말	반대말
아끼다	절약하다	낭비하다
채우다	메우다	비우다
부족	결핍	충분

[어휘 공부하기]

1. ⑤
   ▶ 이타심: 남을 위하거나 이롭게 하는 마음
   경각심: 정신을 차리고 주의 깊게 살피어 경계하는 마음

2. 기쁨, 감격
   ▶ 파격: 일정한 격식을 깨뜨림

3. ②
   ▶ ②는 '찌다'를 쓰는 것이 적절합니다. '찌다'는 '살이 올라 뚱뚱해지다'는 뜻입니다.
   ① 양치질을 하려고 칫솔에 치약을 짰다.
   ▶ '짜다'가 '누르거나 비틀어 물기나 기름 따위를 빼내다'의 뜻으로 쓰였습니다.
   ② 명절에 많이 먹었더니 살이 쪘다.
   ③ 이번 김치는 내 입맛에 조금 맵고 짜다.
   ▶ '짜다'가 '소금과 같은 맛이 있다'는 뜻으로 쓰였습니다
   ④ 잘못을 하면 먼저 사과를 하는 것이 바람직하다.

[어휘 확장하기]

1. ②
   ▶ 현수는 스스로 용돈 기입장을 작성하고 가끔 도움을 청한다고 글에 나와 있습니다.

2. ①

▶ 갈수록 태산: 갈수록 더욱 어려운 상황에 처함
값싼 것이 비지떡: 싼 것은 품질이 낮고 쓰임새가 낮음
그림의 떡: 아무리 마음에 들어도 이용하거나 가질 수 없는 경우

3. 싹
   ▶ 싹수가 노랗다: 잘될 가능성이나 희망이 애초부터 보이지 않는다
   싹을 밟다: 새로 시작하는 것을 처음부터 막다
   싹을 틔우다: 무언가가 시작되게 하다

[어휘와 만나기]

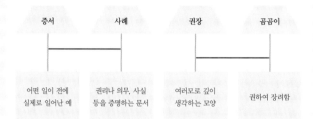

증서	사례	권장	곰곰이
어떤 일이 전에 실제로 일어난 예	권리나 의무, 사실 등을 증명하는 문서	여러모로 깊이 생각하는 모양	권하여 장려함

(사다리 선은 예시 답안입니다.)

[어휘와 친해지기]

1. ① 여기다   ② 보살피다   ③ 키득거리다

2. 증
   ▶ 증언: 증인으로서 사실을 진술함

3. ① ㉡   ② ㉠   ③ ㉠

[어휘 공부하기]

1. 벌었어요.
   ▶ '벌다'는 '일을 하여 돈 따위를 얻거나 모으다'는 뜻입니다.

2. 피어나는
   ▶ '피어나다'는 '꽃 따위가 피게 되다'는 뜻도 있습니다.
   묻어나다: 물건에 칠하거나 바른 물질이 다른 것에 닿아 옮아 묻다

3. ⑤
   ▶ '알알이'는 '한 알 한 알마다'라는 뜻입니다.
   '조장'은 '바람직하지 않은 일을 더 심해지도록 부추김'이라는 뜻입니다.

[어휘 확장하기]

1. 머지않아

2. 작은 고추가 맵다
   ▶ 작은 고추가 맵다: 몸집이 작은 사람이 재주가 뛰어나고 야무지다

[어휘와 만나기]

① 채집   ② 기록   ③ 지키다   ④ 젓다

[어휘와 친해지기]

1. 건져냈다 – 꺼냈다
   저었다 – 내저었다
   ▶ 구조하다: 어려운 처지에 빠진 사람을 구하여 주다
   휘젓다: 골고루 섞이도록 마구 젓다

2. ① 어림   ② 드문드문
   ▶ 어림: 대강 짐작으로 헤아림
   잣대: 어떤 현상이나 문제를 판단하는 데 근거가 되는 기준을 비유적으로 이르는 말
   드문드문: 시간적으로 잦지 않고 드문 모양

3. ① 채집   ② 기록

[어휘 공부하기]

1. ④
   ▶ ④에는 '개표'가 적절합니다. 개표는 '투표함을 열고 투표의 결과를 검사함'이라는 뜻입니다.
   '개선'의 또 다른 뜻은 '싸움에서 이기고 돌아옴'입니다. 개선장군이란 표현으로 흔히 쓰입니다.

2. ① ㉡   ② ㉠

3. ① 보이게 되다   ② 알려지지 않은

[어휘 확장하기]

1. 서서히

2. 소리
   ▶ 앓는 소리: 일부러 구실을 대며 걱정하는 모양
   입에 발린 소리: 마음에도 없이 겉치레로 하는 말
   두 손뼉이 맞아야 소리가 난다: 서로 똑같기 때문에 말다툼이나 싸움이 일어난다

3. ①
   ▶ 도둑이 제 발 저리다: 지은 죄가 있으면 자연히 마음이 조마조마하다
   독 안에 든 쥐: 궁지에서 벗어날 수 없는 처지

미운 놈 떡 하나 더 준다: 미울수록 더 정답게 대해야 미워
하는 마음이 사라진다

병 주고 약 준다: 해를 입히고 도와주는 척하다

바늘 도둑이 소도둑 된다: 사소해 보이는 나쁜 일도 버릇이
되면 큰 죄를 저지르르게 된다

20. 재미있는 과학 실험

[어휘와 만나기]

① 주입   ② 방음   ③ 사방   ④ 경사

[어휘와 친해지기]

1. ① 매달다   ② 쥐다   ③ 떠내려가다

떠	내	려	가	다
올	졸	다	은	호
리	이	매	달	다
다	환	쥐	선	수
무	디	다	아	찬

2. ① 방음   ② 지형   ③ 반사
   ▶ 방역: 전염병이 발생하거나 유행하는 것을 미리 막는 일
   　지위: 개인의 사회적 신분에 따르는 위치나 자리

3. 근처
   ▶ 근처: 가까운 곳

[어휘 공부하기]

1. ① 주목   ② 주입   ③ 주의

2. ① ㉠ ② ㉡ ③ ㉠

3. 집 안에 누가 있는지 문을 두들겨 봐.
   ▶ 도드라지다: 겉으로 또렷하게 드러나다

[어휘 확장하기]

1. ④
   ▶ 공기는 사방으로 움직인다고 글에 나와 있습니다.

2. ③
   ▶ 하늘이 두 쪽이 나도: 어떤 어려움이나 난관이 있더라도
   　두말하면 잔소리: 이미 말한 내용이 틀림이 없어 더 말할
   필요가 없음
   　두 손을 맞잡고 앉다: 아무 일도 하지 않고 가만히 있다

3. ②
   ▶ 더디다: 어떤 움직임이나 일에 걸리는 시간이 오래다

단어 한눈에 보기 — 한자어도 함께 알아보세요!

국어

1. 우리 마을 습지를 되살리자!

글썽이다	눈에 눈물이 넘칠 듯이 그득하게 고이다
당선 當選	선거에서 뽑힘
생명체 生命體	살아 숨쉬는 물체
소식 消息	멀리 떨어져 있는 사람의 사정을 알리는 말이나 글
습지 濕地	습기가 많은 축축한 땅
예외 例外	일반적인 규칙에서 벗어나는 일
외딴	홀로 따로 떨어져 있는
요란(搖亂)하다	시끄럽고 떠들썩하다
적합 適合	일이나 조건 따위에 꼭 알맞음
호탕(豪宕)하다	성격이 시원시원하다

2. 이 그림을 기증합니다

개다	흐리거나 궂은 날씨가 맑아지다
기증 寄贈	선물이나 기념으로 남에게 물품을 그냥 줌
망설이다	이리저리 생각만 하고 태도를 정하지 못하다
무렵	대략 어떤 시기와 일치하는 즈음
본(本)디	사물이 전하여 내려온 그 처음
부담 負擔	어떠한 의무나 책임을 짐
섭섭하다	서운하고 아쉽다
일렁이다	마음에 흔들림이 생기다

조화 調和	서로 잘 어울림
초조 焦燥	애가 타서 마음이 조마조마함

3. 내가 액체괴물 도둑이라고?

누명 陋名	사실이 아닌 일로 억울한 평판을 얻음
당당 堂堂	남 앞에 내세울 만큼 떳떳한 모습이나 태도
당번 當番	어떤 일의 차례가 된 사람
말귀	남이 하는 말의 뜻을 알아듣는 총명한 기운
머무르다	도중에 멈추거나 일시적으로 어떤 곳에 묵다
몰다	대상을 바라는 처지나 방향으로 움직여 가게 하다
미어지다	가슴이 찢어질 듯이 심한 고통이나 슬픔을 느끼다
바짝	매우 가까이 달라붙거나 세게 조이는 모양
부탁 付託	어떤 일을 해 달라고 청하거나 맡김
찡그리다	얼굴의 근육이나 눈살을 몹시 찌그리다

4. 두둥! 올림픽 개막

간절(懇切)하다	마음속에서 우러나와 바라는 정도가 매우 절실하다
개막 開幕	연극, 음악회, 행사, 시대 상황 등의 시작
거만 倨慢	잘난 체하며 남을 업신여기는 데가 있음
겨루다	서로 버티어 승부를 다투다
대표 代表	전체를 대표하는 사람
덥석	왈칵 달려들어 물거나 움켜잡는 모양
매듭	어떤 일에서 순조롭지 못하게 맺히거나 막힌 부분

발굴 發掘	알려져 있지 않거나 뛰어난 것을 찾아 밝혀냄
어김없이	틀림이 없이
헤아리다	짐작하여 가늠하거나 미루어 생각하다

5. 예방 접종은 무서워

간호 看護	환자나 노약자를 보살피고 돌봄
닿다	어떤 물체가 다른 물체에 맞붙어 빈틈이 없게 되다
따끔	찔리거나 꼬집히는 것처럼 아픈 느낌
억지로	이치나 조건에 맞지 아니하게 강제로
예방 豫防	질병이나 재해 등이 일어나기 전에 미리 대처하여 막는 일
의(誼)좋은	정과 의리가 두터운
증세 症勢	병을 앓을 때 나타나는 여러 가지 상태나 모양
지시 指示	일러서 시킴 또는 그 내용
처방 處方	병을 치료하기 위하여 증상에 따라 약을 짓는 방법
충분 充分	모자람 없이 넉넉함

6. 아낌없이 주는 나무

기후 氣候	기온, 비, 눈, 바람 따위의 대기 상태
무진장(無盡藏)하다	다함이 없이 굉장히 많다
밑동	나무줄기에서 뿌리에 가까운 부분
불볕	몹시 뜨겁게 내리쬐는 햇볕
소품 小品	실물처럼 정교하게 만들어진 작은 모형

쓸모	쓸 만한 가치
탐(貪)스럽다	가지고 싶은 마음이 들 정도로 끌리는 데가 있다
평평(平平)하다	바닥이 고르고 판판하다
풍경 風景	산이나 들, 강, 바다 등의 자연이나 지역의 모습
흡수 吸收	외부의 물질을 안으로 빨아들임

7. 비행기가 궁금해요

관제 管制	관리하여 통제함
머금다	삼키지 않고 입 속에 넣고만 있다
보관 保管	물건을 맡아서 간직하고 관리함
수속 手續	일을 수행하기 전에 거쳐야 할 과정이나 단계
수행(遂行)하다	생각하거나 계획한 대로 일을 해내다
전망 展望	멀리 내다보이는 경치
정비 整備	기계나 설비가 제대로 작동하도록 보살피고 손질함
조절 調節	균형이 맞게 바로잡음
탐지 探知	드러나지 않은 사실이나 물건 등을 더듬어 찾아 알아냄
탑승 搭乘	배나 비행기, 차 등에 올라탐

8. 모둠 활동 프로젝트!

갈피	일이나 사물의 갈래가 구별되는 경계
답답하다	애가 타고 갑갑하다
맴돌다	일정 범위나 장소에서 되풀이하여 움직이다

뻔뻔하다	부끄러운 짓을 하고도 염치없이 태연하다
솟구치다	감정이나 힘 따위가 급격히 솟아오르다
시샘	자기보다 잘되거나 나은 사람을 공연히 미워하고 싫어함
엮다	여러 가지 소재를 일정한 순서와 체계에 맞추어 짜다
조율 調律	문제를 어떤 대상에 알맞거나 마땅하도록 조절함
쭈그리다	팔다리를 굽혀 몸을 작게 움츠리다
흩어지다	한데 모였던 것이 따로따로 떨어지다

끈끈하다	관계가 매우 친밀하다
당기다	물건 따위를 힘을 주어 자기 쪽이나 일정한 방향으로 가까이 오게 하다
분해 分解	결합된 것을 낱낱으로 나눔
수출 輸出	국내의 상품이나 기술을 외국으로 팔아 내보냄
이르다	어떤 장소나 시간에 닿다
적성 適性	어떤 일에 알맞은 성질이나 적응 능력
점검 點檢	낱낱이 검사함
줄짓다	어떤 일이나 사물이 끊이지 않고 잇따라 계속되다

9. 우리 반 연극 발표회

과장 誇張	사실보다 지나치게 불려서 나타냄
관람 觀覽	연극, 영화, 운동 경기 등을 구경함
극본 劇本	연극이나 영화를 만들기 위하여 쓴 글
나타나다	보이지 않던 어떤 대상의 모습이 드러나다
땋다	머리털, 실 등을 여러 가닥으로 갈라 엮어 한 가닥으로 하다
반응 反應	자극에 대응하여 어떤 현상이 일어남
빽빽하다	사이가 촘촘하다
스며들다	마음 깊이 느껴지다
실감(實感)나다	실제로 체험하는 듯한 느낌이 들다
입장 入場	어떤 장소로 들어가는 것

10. 어린이 경제 박사 프로젝트

관세 關稅	수출·수입되거나 통과되는 화물에 붙는 세금
꼬이다	하는 일이 순순히 되지 않고 얽히거나 뒤틀리다

국어 활동

11. 할머니 댁 감 농사

경쾌 輕快	움직임이나 모습, 기분 등이 가볍고 상쾌함
골칫거리	성가시거나 처리하기 어려운 일
동원(動員)하다	목적 달성을 위해 사람을 모으거나 수단, 방법을 집중하다
떫다	설익은 감의 맛처럼 거세고 텁텁한 맛이 있다
쓸다	비로 쓰레기 등을 한데 모아서 버리다
으뜸	많은 것 가운데 가장 뛰어난 것
잔뜩	한도에 이를 때까지 가득
제철	알맞은 시절
짓무르다	채소나 과일 등이 썩거나 물러 원래 모양이 헤지다
착각 錯覺	어떤 사물이나 사실을 실제와 다르게 생각함

12. 오싹한 공포 체험

괴상 怪常	보통과 달리 괴이하고 이상함
내팽개치다	냅다 던져 버리다
눈총	눈에 독기를 띠며 쏘아보는 시선
다물다	위아래 입술을 마주 붙여서 닫다
딴판	전혀 다른 모습이나 태도
비치다	물체의 그림자나 영상이 나타나 보이다
영롱(玲瓏)하다	구슬 등이 울리는 소리가 맑고 아름답다
오싹	무섭거나 추워서 몸이 움츠러들거나 소름이 끼치는 모양
온데간데없다	감쪽같이 자취를 감추어 찾을 수가 없다
휘둥그레지다	놀라거나 두려워서 눈이 크고 둥그렇게 되다

사회

13. 우리 반 급훈 정하기

거칠다	행동이나 성격이 사납고 공격적인 면이 있다
생김새	생긴 모양새
다정 多情	정이 많음
돋다	감정이나 기색 따위를 생겨나게 하다
동등 同等	등급이나 정도가 같음
면담 面談	서로 만나서 이야기함
섭섭하다	서운하고 아쉽다
의지 依支	다른 것에 마음을 기대어 도움을 받음

통(通)하다	마음, 말 등이 다른 사람과 소통되다
통로 通路	통하여 다니는 길

14. 우리 고장을 소개합니다

가축 家畜	집에서 기르는 소, 말, 개 등의 짐승
고장	사람이 많이 사는 지방이나 지역
그대로	변함없이 그 모양으로
수확 收穫	익은 농작물을 거두어들임
이듬해	바로 다음의 해
재배 栽培	식물을 심어 가꿈
조선소 造船所	배를 만들거나 고치는 곳
짓다	재료를 들여 밥, 옷, 집 등을 만들다
풍부 豐富	넉넉하고 많음
항구 港口	배가 드나들도록 강가나 바닷가에 부두를 설비한 곳

15. 옛날 사람들은 어떻게 살았을까?

일구다	논밭을 만들기 위하여 땅을 파서 일으키다
땔감	불을 때는 데 쓰는 재료
세시풍속 歲時風俗	해마다 일정한 시기에 되풀이 해온 고유의 풍속
슬기롭다	사리를 바르게 판단하고 일을 잘 처리하는 재능이 있다
어우러지다	여럿이 조화를 이루거나 섞이다
열기 熱氣	뜨겁게 가열된 기체
엿보다	남이 알아차리지 못하게 대상을 살펴보다

일손	일을 하는 사람
찌다	뜨거운 김을 쐬는 것같이 더워지다
풍년 豐年	평년보다 곡식의 수확이 많은 해

16. 전통 혼례 체험기

기운	눈에는 보이지 않으나 다른 감각으로 느껴지는 현상
단정(端正)하다	옷차림새나 몸가짐 따위가 얌전하고 바르다
몰아내다	몰아서 밖으로 쫓거나 나가게 하다
시대 時代	역사적으로 표준에 의하여 구분한 일정한 기간
영향 影響	어떤 사물의 효과나 작용이 다른 것에 미치는 일
축복 祝福	행복을 빎
평안 平安	걱정이나 탈 없이 무사히 잘 있음
폐백 幣帛	혼인 전에 신랑이 신부 집에 보내는 예물
한결같이	처음부터 끝까지 변함없이 꼭 같이
혼례 婚禮	부부 관계를 맺는 서약을 하는 의식

도덕

17. 용돈을 관리해요

관리 管理	어떤 일의 사무를 맡아 처리함
기부 寄付	돈이나 물건을 대가 없이 내놓음

몰두 沒頭	어떤 일에 온 정신을 다 기울여 열중함
바람직하다	바랄 만한 가치가 있다
양심 良心	옳고 그름, 선과 악을 구별하는 도덕적 의식
부족 不足	필요한 양이나 기준에 미치지 못해 충분하지 않음
뿌듯하다	기쁨이나 감격이 마음에 가득 차서 벅차다
아끼다	물건이나 돈, 시간 등을 함부로 쓰지 않다
짜다	계획이나 일정 따위를 세우다
채우다	일정한 공간에 사람, 사물 등을 가득 차게 하다

18. 깜짝 파티 대소동

곰곰이	여러모로 깊이 생각하는 모양
권장 勸獎	권하여 장려함
마련하다	헤아려서 갖추다
머지않아	가까운 장래에
보살피다	정성을 기울여 보호하며 돕다
사례 事例	어떤 일이 전에 실제로 일어난 예
여기다	마음속으로 그러하다고 인정하거나 생각하다
증서 證書	권리나 의무, 사실 등을 증명하는 문서
키득거리다	참다 못하여 입속에서 새어 나오는 소리로 자꾸 웃다
피어나다	웃음이나 미소가 얼굴에 드러나다

과학

19. 물속으로 탐사를 떠나요

개선 改善	잘못된 것이나 부족한 것을 고쳐 더 좋게 만듦
건지다	물속에 있는 것을 집어내거나 끌어내다
기록 記錄	미래에 남길 목적으로 어떤 사실을 적음
드러나다	가려 있거나 보이지 않던 것이 보이게 되다
서서(徐徐)히	동작이나 태도가 급하지 않고 느리게
젓다	배를 움직이기 위해 노를 일정한 방향으로 계속 움직이다
지키다	재산, 안전 등을 잃지 않도록 보호하여 막다
채집 採集	널리 찾아서 얻거나 캐거나 잡아 모으는 일
탐사 探査	알려지지 않은 사물이나 사실을 샅샅이 더듬어 조사함
지표 指標	방향이나 목적, 기준을 나타내는 표시나 특징

20. 재미있는 과학 실험

경사 傾斜	비스듬히 기울어짐
두드리다	소리가 나도록 잇따라 치거나 때리다
떠내려가다	물 위에 떠서 물결을 따라 옮겨가다
매달다	줄이나 끈, 실 등으로 잡아매어 달려 있게 하다
반사 反射	나아가던 파동이 물체에 부딪쳐 방향이 반대로 바뀜
방음 防音	소리가 밖으로 나가거나 들어오지 못하게 막음
사방 四方	여러 곳
주입 注入	흘러 들어가도록 부어 넣음

쥐다	손가락을 다 오므려 힘 있게 잡다
지형 地形	땅의 생긴 모양